子语 编著

如何说别人才爱听，
怎么听别人才会说

吉林出版集团股份有限公司

图书在版编目（CIP）数据

　　如何说别人才爱听，怎么听别人才会说 / 子语编著
. -- 长春：吉林出版集团股份有限公司，2019.1
　　ISBN 978-7-5581-2503-4

　　Ⅰ . ①如… Ⅱ . ①子… Ⅲ . ①语言艺术 – 通俗读物
Ⅳ . ① H019-49

　　中国版本图书馆 CIP 数据核字（2019）第 019400 号

RUHE SHUO BIEREN CAI AI TING ZENME TING BIEREN CAI HUI SHUO
如何说别人才爱听，怎么听别人才会说

编　　著：子　语
出版策划：孙　昶
项目统筹：郝秋月
责任编辑：李金默　颜　明
装帧设计：韩立强
封面供图：全景网
出　　版：吉林出版集团股份有限公司
　　　　　（长春市福祉大路 5788 号，邮政编码：130118）
发　　行：吉林出版集团译文图书经营有限公司
　　　　　（http://shop34896900.taobao.com）
电　　话：总编办 0431-81629909　营销部 0431-81629880 / 81629900
印　　刷：天津海德伟业印务有限公司
开　　本：880mm×1230mm　　1 /32
印　　张：6
字　　数：150 千字
版　　次：2019 年 1 月第 1 版
印　　次：2019 年 7 月第 2 次印刷
书　　号：ISBN 978-7-5581-2503-4
定　　价：32.00 元

印装错误请与承印厂联系　　电话：022-82638777

前言

　　人是一种社会动物，在社会群体和组织中实现和创造自我，而群体生活的第一奥义便是沟通和对话。著名成功学家戴尔·卡耐基曾说："当今社会，一个人的成功，仅仅有15%取决于专业知识和技术，而其余85%则取决于沟通艺术。"话语是思想的外壳，是人与人沟通的桥梁。任何专业知识的发挥都需要靠说话的艺术来实现，任何人际关系的处理都需要靠聊天的技巧来协调。

　　在这个竞争异常激烈的社会，自我推荐、介绍产品、主持会议、商务谈判、交流经验、鼓励员工、化解矛盾、探讨学问、接洽事务、交换信息、传授技艺，还有交际应酬、传递情感和娱乐消遣都离不开沟通。沟通能力的高低直接影响到一个人的前途。

　　沟通力量是巨大的，它能征服世界上最复杂的东西——人的心灵。会心的交流，可以让陌生人变成知己，长期形成的隔阂可以自动消除，甚至可以让人叱咤风云，一句话抵得上千军万马，完成一些看似不可能完成的任务。如果一个人的沟通对话能力不强，就不能很好地驾驭自己的思想和感情，也不能很好地处理各种事情和各种情况下的人际关系。因此，会不会交流就成了衡量一个人是否有

1

能力的重要标准之一。

当人类进入文明社会之后，检验一个人是否有能力，以及这种能力能否发挥出来，其中一个重要的因素就是他是否具备高效对话的能力。在日常生活中，要想与别人愉快相处，必须培养自己的对话能力，只有这样才能打开人与人之间沟通的大门，彼此的心灵才能碰撞产生共鸣。

社会需要沟通、交流，而人与人之间交流思想、沟通感情最直接、最方便的途径就是对话。生活中，愉快对话给予的力量，能使我们在与人谈判、安慰亲朋、恋爱道歉、应对上司等各个方面都如鱼得水，达成我们希望的结果。高效对话并不是每次都能达成的，高效对话的能力也不是天生就能获得的。若想把话说出水平，说得有意思，说得有创意并不容易，而要做到能言善辩、打动人心，更非一日之功；同样，让别人打开心扉，畅所欲言，把心底最真实、最真诚的话说出口，也不是一件容易的事情。但是，通过一些积极的训练，在知识面上培养、在说话技巧上训练、在气质性格上熏陶、在现实环境中锻炼，变得会对话也并非难事。

基于以上因素，我们编写了《如何说别人才爱听，怎么听别人才会说》一书，它结合丰富翔实的案例资料介绍了与工作和生活密切相关的高效对话的技巧，使读者能够在短时间内掌握高效表达和合理倾听的艺术，练就娴熟的交谈技巧，从而在激烈的社交竞争中拔得头筹，在事业的征途上"风调雨顺"。

目录

第六章　提问的艺术——打开对方的话匣子

第七章　做真诚的听众——让对方自愿吐露心声

第八章　求同存异——理智互动促成高效对话

第一章

什么是高效对话

——如何表达，如何引导

会面为什么不见成效？

以下是我从会面参与者口中听到的一些抱怨。

被动：没有变化的议程表；没有人积极发表自己的看法。

无聊：内容枯燥；持续的时间太长；没有重点、东拉西扯的谈话。

人们失去了兴趣：大部分人都沉浸在自己的世界里；虽然做出反应，但是并没有认真听。

会面成了某个人表演的舞台：一些权力欲强的人掌管着局面；没有其他人发挥的空间。

禁锢的思想：领导说了算；没有人敢于提出异议。

没有建设性的成果：会面草草收场；没有提出具体的行动计划。

主席的权威：强制命令；不允许公开讨论；缺乏新思想。

个人问题：担心曝光、冲突、竞争、报复和拉帮结派。

在这一章中，你将了解到许多派得上用场的技巧和方法，它们能够帮助领导者和参与者克服种种问题和困难，在你参与的会面中，人们之间的配合将变得默契，气氛更为融洽，收获更大。

会面的正常功能不能发挥的情况时有发生，但更重要的是，每个人都应该更多地了解这个群体的动态信息。

要想在一个群体中得出大家都同意的结论并不是件容易的事。我们大家都应当知道更多有关交流的知识，比如人与人互相交往的方式，怎样才能让你的话容易理解，冲突是怎么产生的，如何说服听众，什么时候应该放弃自己的观点。

1. 会议主持者应该知道

如何规划一个完善的议程。

如何让每个人都能在会议前做好充分的准备。

如何控制时间，保证讨论效果。

如何创造一个有利于会议进行的环境。

如何引起会议参与者的注意，并努力保持每个人都不分心。

如何掌控冲突、私心和分歧。

怎样才能得出有实际意义的结论。

2. 会议参与者应该知道

说话和组织材料的方法。

如何事先做好准备才能获得最大的价值体现，怎么做才能让大家注意到你。

如何加入讨论，如何维护立场，如何做出让步。

如何去听，如何支持，如何反对。

如何应对批评和攻击。

当你的发言偏离主题或不能自圆其说时，该如何处理。.

策划一次会面

1. 确定你的目标

决定你最想在这次会面中完成的事情。

保持头脑清醒，用三四行字写下你的目标。

要根据实际情况修改。你不可能在一次会面中实现所有目标。

在会议后期你仍然可以增加或减少一些细节，或者做出一些调整。

2. 向会面发问

这次会面真的有必要吗？会面往往变成一种习惯，没有人会停下来分析一下会面是不是可以采取的最佳方式。也许你需要的是和关键成员的单独会面或者小组讨论，在这之后才需要再召集整个群体举行会议。

（1）哪些人应该出席

充分考虑你面临的问题以及哪些人应当出席会议。你是否需要其他有专门技术的人员参加来增强讨论的效果？你是否应该邀请你们团体之外的关键人物参加帮助并指导你们的工作？在你说明问题之前需要介绍最新的进展吗？

（2）安排会面的时间

这个时间呈现这个主题合适吗？想一想工厂以及业内最近的

如何说别人才爱听，怎么听别人才会说

情况如何？这是一个推动销量、推出一款新产品、推出一种新服务的时候吗？管理层会怎么想，他们现在会接受这些想法吗？你们的会面和近期出现的问题会有关联吗？有哪些关联？

会面很容易造成正常情况的混乱，影响我们的工作进程。最近，在你的团体中存在很大的压力和临近尾声的工作吗？要充分考虑到即将到来的假期和重大事件。问问你自己：这次会面很紧急吗？能等吗？即使它是每周一次或每月一次的例会，也应该根据具体情况灵活安排时间。

3. 制订会议时间表

这里有几个经常被忽略的问题，这些问题足以影响到一次会面的成败：我们的兴奋程度、我们的情绪在一天中的高潮和低谷、饥饿、会面的持续时间——这些会影响我们听、理解、作出判断的能力，会面是否有成效也受这些因素的制约。

（1）会面的日子

了解你面对的这群人。星期一是一个新的开始，大家的心情就像一张白纸，但是在一个周末之后，要让大家把松弛的神经收紧起来有时也很困难。星期五的下午是最不合适的会面时间，人们很难集中精力，听都听不进去，更不用说思考了。他们的脑袋只能接收一个信息——"散会。"

涉及重要主题的会议：最好在上午 10 点左右召开，留给大家一点时间收拾办公桌。

传达基本信息的会议：星期二至星期四。

宣布坏消息或批评的会议：切忌在星期五召开！不要让大家在焦虑和痛苦中度过他们的周末，让他们没有心思去做其他事情。在午餐前或者一天结束的时候举行此类目的的会议，允许人们有恢复的时间。

（2）会面的最佳和最差时间

饥肠辘辘的时候，我们的情绪会变得很不稳定，整个人也会很没有耐心。这是我们最不给人面子、最容易生气的时候。我们一心只想满足自己的需要，绝不理会其他人的要求。而且低血糖让我们的兴奋水平大跌，注意力根本无法集中。所以在安排时间时一定要考虑到这个因素。

以下便是合适或不合适的会面时间：

午饭之前的时间不合适，除非你给大家准备了填肚子的餐饮。

清晨和早餐时是非常理想的时间，但是大部分人都还困意十足。有些人是早晨型的，但是更多人的生物钟要到 10 点钟前才开始运转。你需要了解你的团体以及他们的工作习惯。

安排在上午 10 点左右或者更迟的时候召开会议，少不了提神饮料：提供咖啡或者建议大家自带饮料，因为你会提供一些小点心或甜点。

要考虑到生物节律，有时向他们提供一些食品，这样才能保证会面的成效。注意对团队成员的关心，一些小食品可以让气氛变得融洽、愉快。

（3）会面的持续时间

实际上需要多长时间？站在对方的立场上，你会发现这些会面会给一些人的日常工作带来不小的干扰。会议持续的时间一定要控制在合理的范围之内。

考虑人们的注意广度以及对你的主题的感兴趣程度。

不要一次讲太多问题。若问题太多，连续几次会面是更好的选择。

（4）会面的地点

空间和环境影响着我们的创造性和反应。当你想要某样东西或有坏消息要宣布时，改变现场的气氛，让它有别于平常。

想进行团队建设？到工作场所以外的地方去——这能让大家感到新鲜、特别，人们会表现得更加团结。

无论在什么地方会面一定要让人感到舒服。噪声污染、炎热、寒冷都是抑制人们能力的因素——参与者心中唯一想做的事情就是尽快离开这儿。

4. 制作你的议程表

既然你已经决定了你希望在会面中讨论的主题，那么还有4件重要的事情需要你去思考，它们分别是：

有关与会者的需要以及（或者）他们对新事物的想法。

待讨论事项的绝对数目。

每一事项的重要性和讨论顺序。

每一事项的讨论时间长度。

（1）参与者的想法

制订议程表时缺少其他人的参与是大家主要抱怨的因素之一。为了让与会者觉得你的议程和他们息息相关，让他们能够更加投入地参与到会议中来，你需要听取他们对你制订的议程的意见。你会因此发现存在不少足以引起你重视的其他问题。

只要有可能且时机合适，你就可以用电子邮件寄一封电子备忘录通知大家，不仅要说明会议的时间、地点，而且还要包括你制订的议程表。

让他们提出一些值得探讨的、可以作为讨论事项加入到议程表当中去的问题。然后，你可以从中选择一部分添加到议程表中，或者在下次会议中讨论。也可以私下里解决个别人的问题。这么做要比在会面结束大家都急着离开会场时问大家是否有其他问题更有效。

（2）待议事项的数目

一定要严密监控这个数目！在会议中，你真正能够讨论透彻的项目会有几个？能够让所有人都关注，并积极思考的又有几个？参与者能够承受的会议强度有多大——从重要的主题到次要的细节？在会议开始前就确定所有的议事项目还能帮助你确定事项的讨论顺序和时间分配。你在安排时间的时候最好能有的放矢，而不要一刀切，让大家成了会议的匆匆过客，离开的时候什么收获也没有，心情倒变得很不愉快。

（3）按重要性排列讨论顺序。

①次要事项。

如果它们真的是微不足道，而你又是训练有素的会议主持人，那么你就可以把这些事项一带而过，节省下来的时间可以用来讨论重要的问题。如果有人纠缠于这些次要事项，那他们就可能占用应该分配给重要问题的宝贵时间。

　　如果这件事情不那么重要，你可以考虑使用电子邮件、电话或者把它们留到下一次会议时讨论等方法来处理它们。

　　把所有的次要事项留到结束时，一次性提出表示你再也不会在会议上提到这些事情了。

　　②重要问题。

　　把它们作为主要事项在会议的开始阶段提出来，那些不是很重要的事情就放在会议的最后阶段再涉及。如果这是一次临时召开的会议，或者参加会议的有些人要提前离开，这一点更要注意。你要考虑到哪些事项关系到所有人，需要大家都提供他们的看法。

　　另一种方法就是一次会面只讨论一件事情。这种方法强调了事情的重要性，强调了你希望每个人都能在这件事情上投入自己的时间。

　　不要让会议充斥着毫无用处的信息，这会挫伤与会者的积极性，因为你是希望看到他们全身心地投入的。如果确实出现这种情况了，他们会感到不知所措，分不清什么是重点，也不知道应该着重研究哪一部分。

　　（4）时间分配。

　　我们倾向于认为，花在一个事项上的时间越多，这个事项就越重要。但是，我们往往并不知道一个事项需要多少时间才能讨论出结论，因此很难确定每个事项占用多少会议时间。

为了了解议题实际需要的讨论时间，你应该：

在你下一次参加会议时预计每项议题的用时。看看多长时间算长，多长时间还不够，多少项议题后大家开始感到厌烦等等。

给电视上的新闻和周末纪实类节目计时，看看你能坚持多长时间听一个人说话而不会感到厌烦。

给电视广告计时，看看在 15 秒之内你能接收到多少信息。

大声朗读这几页内容，看看在 30 秒、2 分钟、5 分钟内，你分别能理解多少内容。结果会让你大吃一惊的。

经过这一系列的测试，你在决定议程表上的每个议题需要分配多少时间时会变得更加实际。此外，它还能帮助你更进一步了解整个会议的用时，让会议的时间分配得更符合实际情况。

别忘了，你可比团体中的其他人在这个议程表中投入的热情多。有了以上这些知识你就可以更好地对会议进程进行安排了。

（5）在开会时由大家共同决定议程安排。

如果你能公开议程表，同时要求即将参加会议的人帮助你来决定时间的分配，那么与会者就更愿意服从会议的时间安排。当人们对某个话题真正产生兴趣了，恐怕先前安排的时间就远远不能满足需要了。但是，一旦这个时间安排是大家一致通过的，你便可以强行中止话题，因为在此之前大家都已经达成了共识。

如何说别人才爱听，怎么听别人才会说

驾驭听众的技巧

你知道吗，当你参加会议、坐在桌前，每次几乎都是同一拨人发言，而表示反对、提出批评或者沉默不语的人每次也都大致相同。你有没有停下来思考过，他们其实已经形成了一定的模式，他们的行为是可以定义、可以预测的？

学会将这些模式进行分类、并理解它们是更好地控制他们、解决许多临场问题的关键。有一组词汇专门指代这 4 种基本模式，这些模式存在于任何一个群体或家庭中——无论人们是在哪儿工作或活动——你应该学会如何掌控每一种模式的人，并让他们融入群体中，和大家一起奋斗，而不是在一旁引起大家的不和，也不应以自我为中心、不积极、在会议中起不到任何作用，成为一个摆设。

可以在你参加过的所有会议中发现的 4 种主要个性模式有：

行动者：积极主动地提出建议和想法。

反对者：对行动者和他们的新观点有自己的看法，常常持反对意见。

追随者：追随他人的观点，鼎力支持或赞成。

旁观者：密切关注，静静地待在一边，不公开表态。

1. 行动者

行动者是天生的领袖：他们强大、踏实、极具创造力，但是他们往往很难接受其他人的观点，他们自认为自己的观点无人能敌，是前进的唯一道路。而且，在这一点上，他们是无论如何都不允许失败在自己身上发生的。他们热爱权力和掌控一切的感觉，此外，他们还需要并期望得到他人的认同。

（1）在会议中体现出的价值。

他们非常有创造力。新观点、新解决方案层出不穷，只要有他们在，就不会冷场，而且他们会尽量让大家都能理解他们的想法。

（2）给领导的建议。

要把行动者控制在正确的方向上。你很有可能会以优先听取他们的意见或者过于草率地认可他们的观点这样的方式将行动者孤立起来，你要严密监控你的这种倾向。在行动者开始行动之前给他铺设一条道路，告诉他你想知道什么。

你还要表示，每个人的意见都很重要，你希望听到更多不同的想法。在你肯定行动者的表现的同时也要鼓励其他人。要明白，会议的领导者（也就是你）一般来说都属于行动者，所以要注意对立情绪，或者让其他人首先发表见解。

2. 反对者

他们会通过封堵行动者以及你的行进路线不断地发起挑战。他们和行动者互相竞争，以反对这种方法来吸引注意、提高身价。他们感兴趣的只有"事实"和"真相"。他们如此反对还有一个目的，就是为了成为万众瞩目的行动者。他们不惜伤害别人的感情，到处树敌，不仅仅和个人为敌，连整个群体都成了他们的敌人，也难怪人们把他们视作前进的障碍。

（1）在会议中体现出的价值

反对者能够以与行动者同样的热情提出重要的问题，他们愿意检验观点的效果、详细分析数据、找出缺陷和弱点。而且，他们有能力完善行动者提出的新颖但有瑕疵的想法，并会刺激人们去思考。

（2）给领导的建议

虽然看起来他们似乎起的是负面作用，你也想忽略掉他们、倒打一耙，甚至将他们赶出会议室。但是，只要好好利用他们的批评，重新思考，也许就能启发出更多的想法，甚至能进一步完善已有的成果。你可以给他们布置一道家庭作业："找出更多的不足，并举出一些正面和反面的例子来支持你的观点，然后写一份报告交给我，好吗？"领导者不要经常故意唱反调，这会让你成为一个反对者，而且经常唱反调可能会抑制群体的创造力。要警惕这种情况，防患于未然。

3. 追随者

追随者并不是缺乏创造力！他们只是想谨慎行事，在公开表态之前先弄清楚其他人的态度。他们会以不同的理由来支持行动者和反对者。

（1）在会议中体现出的价值

追随者通过给予支持和壮大拥护者的队伍这种方式授权给其

他人，在试验一个新想法的时候这种授权是不可或缺的——你需要来自团体中的支持者。要是一个团体中只剩下了行动者和反对者，你也许连话都插不上了。

（2）给领导的建议

让追随者能够找到他们自己的位置。当追随者正式介入时，你要给他们分配具体的任务，让他们协力推动整个进程的发展。他们是非常优秀的支持者，特别擅长补充、完善任务。

4. 旁观者

旁观者，很有意思的一类人，值得你去特别注意。他们和追随者有很大的不同，他们完全置身事外，不直接参与行动，不与其他3种类型的人结成任何同盟，只是冷眼旁观，把自己的看法藏在心中，从不公开自己的观点。旁观者喜欢站在一旁，对事情进行不偏不倚的评论，比如说"很有趣"或者"这个问题我会好好考虑的"。他的评论看似客观、明智，实际上却是无法让其他人感到满意的。

（1）在会议中体现出的价值

旁观者能够通过说话让那些被他们注视的人感受到受重视和支持，从而让这些人感到宽慰。行动者和反对者都很欢迎旁观者，因为他们并不知道旁观者的想法，所以他们会花费很多精力试图从旁观者口中得到一些他们的看法。

（2）给领导的建议

旁观者这么做并非出于自愿，而是由于他们长期生活在别人的阴影下，或者从未得到别人的鼓励或受过训练去尝试其他角色。为了帮助他们参与进来，可以给他们指定一个特定的角色，否则，他们是不会自发地积极参与其中的。你可以让他们准备一个非公开的报告，这是因为旁观者害怕接受公开的评判。

会议领导的交流技巧

如果会面是由你召集的，那么作为领导，你的具体任务包括：

东道主：让人们聚集在一起。

主持人：让交流顺畅地进行。

教练：集中大家的力量，共同努力去争取同一个目标。

解说：帮助每一个人了解并理解出现的问题。

核对事实：说明什么行得通，什么是当务之急，截止日期是什么时候。

管理员：小心照料与会者的自尊、注意广度以及人们的生理状况。

裁判：避免冲突的发生。

发展出产品和解决方案：会议要产生确切的成果。

1. 吸引群体成员的注意

首先要从对群体成员的影响方面来介绍每一个新的讨论事项。主题还是之前那些与自己利益有关的主题，不过这次是从团体的角度来看。

在讨论的开始阶段，在会场里转一转，询问每个人关于这个主题的认识（称之为"德尔菲技术"）：他们已经了解的，从未听说过的，他们已经尝试过的，让他们谈一谈这是如何发挥作用的。这不仅是一种很好的缓和气氛的方法，而且还是全员参与的催化剂。

将接下来的讨论集中在你的发现上是你的主要目标或基本要求。

注意哪个主题只能影响其中一部分或几个人，这样的主题很有可能会导致走神。如果你发现了，就告诉大家，这个主题和他们都有些什么关系，它最后将如何影响到整个群体利益，以及你为什么要求他们所有的人都参与思考。

2. 保持专注

你要做一个监视者。有问题产生时，没有人有权利干预。

你要让群体把最终的解决方案或产品作为他们的目标，这也是你开会的目的。

警惕吹毛求疵或踢皮球的行为，一旦发现，立刻阻止："等一下，各位。我们的讨论已经跑题了，让我们回到正题上吧。"

能够意识到离题的情况，但不要只是将它拨回正轨，有时这种情况的出现也有它的价值。只需停下来说："我们也要说说这一点。我会把它安排在下周的会议上讨论（如果时间充裕，在会议结束时讨论）。"

3. 动员不响应者参与

毫无疑问，你希望每个人都能参与到会议中。对于那些不积

如何说别人才爱听，怎么听别人才会说

极响应的人来说，最困难的事莫过于要求他们在毫无准备的情况下发表自己的看法，或者提出一些新想法。

"让我们听听比尔有什么要说。"或者"你怎么认为，莉莎？"并不是正确的问法。比尔和莉莎可能无法在短时间内形成自己的观点，也可能对这个主题并不熟悉，或者已经被吓蒙了，不知所措。

对于那些不愿主动发言的人：

你可以给他们一点儿时间去准备："先请刘卫和陈安说说自己的想法，然后再听听王梅（表现不积极的人）对这个问题有什么看法。"

问一些和他们已有的知识以及正在进行的工作有关的问题："赵娜，经费预算是你们部门的事，请给大家解释解释。"

对于那些即兴发言有困难的人，你可以提前给他布置具体的报告任务。这就给了他们准备的时间。

现场布置一项任务，要求他们在某个时间向你单独汇报。

4. 如何打断别人的发言

不要把如何打断别人的发言想得太简单，这其中潜藏着许多危险，如果你没能把握好，就会有人在群体成员面前难堪，这对于身为领导的你并不是件好事。

无论何时打断别人说话，你都要为对方保全面子——这是关键。而且这时，作为一个领导，你的肚量和行为方式——你打断别人的方式——也经受着考验。

在会议伊始，就应该告知大家你对会议的时间非常敏感，一切都要按照大家一致同意的议程表进行。

把你的议程表展示在大家面前，上面写清楚时间的分配。这是一条安全的、不涉及个人情感的退路。

跟他们说，你准备了一块表，你要给每个环节计时。指定一个人来计时。

在每个事项的讨论过程中播报剩余时间，这样你在打断别人发言时就有了完美的理由。

打断时应该这么说："真是有趣的内容，拉里，很想再多了解一点。不如下次会议的时候我把它列在议程里面，由你来讲。"

在你打断发言前可以先提醒："抱歉，你只剩下 1 分钟时间了。"

以轻松的语气打断对方："哦，苏珊，你的发言可真是激情澎湃。不过……"解释了她谈论时间过长的原因，也为她保全了面子。

说到不相关的话题时，你可以立刻阻止其继续发言："我们还没讨论到这点。你为什么不发个电子邮件告诉我你对此的想法，让我们想想该如何解决它。"

5. 应对有争议或敏感的话题

人们不太愿意在公众面前谈论某些有争议或敏感的话题。而参与讨论的人又担心自己的观点和判断并不被人们看好或会受到批评，从而给他们带来压力，特别是来自你的压力。

为了保护个人不被暴露在众人的视线之下，你可以把所有人分成若干个小组，比如 3 个人一组，在组合好之后，要求他们迅

如何说别人才爱听，怎么听别人才会说

速将小组的想法整理成报告。

匿名的书面答复是另一种安全的应对方式，可以在会议上完成，也可以在会议结束后投到指定的箱子里或者发送电子邮件。

用秘密的不记名投票方式来考察人们的立场，之后再开始某个有争议的主题的讨论也会对这种情况有所帮助。如果你能够了解大多数人的思考方式，那么持有何种观点也就没什么太大关系了。

6. 取得一致意见

知道什么时候结束讨论，什么时候进行投票表决。

应该由你或选定一个人来简要地叙述会议的进展，据此在写字板上写出已经涉及的要点。

对结果进行评述，解释赞成票、反对票对今后工作的影响。

询问所有出席会议的人，现在得出的结果是否是在场所有人都同意的结果。

如果你曾无数次讨论过这个主题，它的结果早就不言自明，那么正式的投票程序就没有必要了。

如果某个主题容易让人们产生敌意，激怒人们，而且如果采取公开的表决方式可能会贻害无穷（比如说有人否定了其他人的报告或观点），那么宜在这类有争议的问题上采用秘密的不记名投票方式。

7. 如果场面失控

会议可能会变得难以驾驭，特别是当人们的热情高涨，几个人争着发言的时候，这就需要你拿出一点儿领导的威严，提高嗓门要求大家冷静下来，要让所有人都能听见你的声音。这样的你才是你！

会议开始时就约法三章，告诉大家会议要是失去了控制，对谁都没有好处，只会浪费大家的时间。

你可以说："喂，诸位。""暂停！""差不多了，不要再说话了。"怎么顺口就怎么说，不过说话的语气要坚定，让对方明白你是很认真地在说。随意、轻松，但要斩钉截铁。

摆架子或发火是软弱的标志，说明了你作为领导，以你现有的技能并不能掌控这个群体——你还需要有人给你撑腰。

相信你有能力而且一定会控制这个群体。这种意图会在你说话的声音和你要求大家集中注意力的方式中表现出来。

8. 应对自我情绪和争执

应对自我情绪和争执的关键就是自我控制。当心，不要在集体会议上对某个人大发雷霆，这会严重影响你的领导技能的使用。尽快找出那些负面、消极的事情发生的原因。通过深入了解人们的内心世界来理解他们的外在表现。

问问你自己："他其实在说什么？""她为什么对这件事如此着迷？"

如果是两个人在对峙，那么，首先指出他们的愤怒："我发现你们两个对此的反应好像很强烈。好了，有激情是好事，关心也是好事，能做到这两点的人，我很感谢你们。但是为了让讨论得以顺利进行，让我们把这些激情转化成今天问题的解决方案吧……"

不要只是一味地让人们冷静下来！他们也许根本就无法平复心情，也许早就已经心如止水了！长时间不能消除人们心中怀有的敌意，除了让人感到痛苦外，不会起任何作用。而且这对立的双方已经在群体面前失去了控制，变得一发不可收拾。

争执发生时，首先想到的就是打圆场，为对峙双方挽回面子。因为他们是不可能为自己做这些事情的。给他们留一条后路，可以让他们全身而退，把会议重新拉回到正常的轨道上。

人们总希望先别人一步得到他人的认可和成功。因此，在你拉住缰绳的时候，还要喂一把嫩草。"感谢你们两个人对这个主题的关注。要继续保持这种热情！"

与会者的交流技巧

会议是一次难得的展示机会，你可以把你平时看不到的一面展示出来。这时的你在老板眼中，就是一个充满活力、积极能干的群体成员。当其他人看到你的思维、分析和创造能力时，你获得的就是他们的尊重。你说的话、做的事以及你和他们交流的方式反映的应该是你最好的一面。

1. 有备而来

当然，你肯定会有备而来的。但是不急，浏览一下这些建议，看看你是否能利用其中一些来拓宽视野、扩大优势。

不仅要知道会议要讨论的项目（通常会提前获知），你还要将它们好好研究一番。你已经知道了哪些内容？还可以了解得更深入一点吗？

探明谁将出席会议，他们都从事什么。

预想他们对这些待讨论事项的看法。这些事项会让他们产生什么样的问题？

思考这些事项将如何对你的部门或公司产生影响。不是从你个人的角度来看，而是从这个观点出发，针对它们提出一些对策。

了解行业信息：在这个领域中近来有什么重大事件发生？

养成习惯，通过网络来检索专业期刊、报纸和杂志上有关你所从事行业的文章。认清全球形势，看准竞争对手。这是一个提出原创性想法的好机会。

把这些文章打印出来，在会议上进行展示，或者用它来证明其他人建议的正确性，甚至通过出示一些反对性的材料来提出具有建设性的不同意见。

先人一步意味着你在工作方式、知识和兴趣上都领先于群体中的其他人。

2. 挑一个有利的位置

会议桌上的位置会对你产生某种影响，它会影响你受关注的程度，影响你被点名发言的频率，影响你参与到会议中的难度以及人们对你的反应。

哪个位置拥有最大的权力？当然是比较靠近上司的位置，但是不要紧挨着上司。这个位置必须让你能够和上司进行眼神交流。稍次的位置是在会议桌的中段。

要远离桌子每一条边的末端，坐在那里，上司很难注意到你。你会觉得自己成了外人，早早退出了行动。

要意识到层级制度的存在，不要在这个阶梯上爬得太快，要脚踏实地地往上爬。

一般情况下，尤其当你在这个组织中还没有什么资历的时候，一定要在你落坐之前向别人询问你是否可以坐在某个位置。这是因为人们常常会为自己的伙伴保留位置的缘故。

坐在靠近行动者的位置，或者坐在他们对面，这样你就可以和他们进行眼神交流，观察他们的反应，让他们注意到你的参与。

在大型会议上，千万不要坐在后排。一定要坐在前排，把你的兴趣和投入表现出来，不要让人觉得你是在寻找夺路而逃的机会。

3. 自信、兴趣十足

没有人知道你有多么紧张，除非你把紧张写在脸上。走进会议室的时候，要让别人知道你对这次会议非常感兴趣，希望参与其中。接受你可能会紧张的现实，这没什么大不了的，把它藏到口袋里，继续保持你积极投入的态度，保持警惕，寻找一切可能的机会来发表自己的看法和提问题。

即便你的心跳得厉害，你也可以看起来非常镇定、专心，因为没有人会听到你的心跳。

不要坐立不安。坐在座位上时不要左右晃动身体，坐定了，手也不要乱写乱画。

为了松弛你亢奋的神经，让你的手有事可做，你可以把会议内容记下来。

活动和姿势的改变可以帮助你恢复良好的精神状态。

4. 如何发言

面对着每一个认可你的人，你应当站起来发言——为会议贡献出你的一分力量。如果你不擅长即席演说，请重读前面的内容，了解演讲方案的制作方法和信息传递的方式。

既然议程表已经到手，那就带着你对某些事项的观点来参加会议。提前准备，认真构思你的想法直到满意为止。

仔细地听，寻找机会补充你认为合理的观点。听得越仔细，你就会发现你有越多的独特观点可以补充。

只要你的发言抓住了别人谈话的内容，你就不会觉得自己是在辛勤地开垦一片处女地了。比如说："关于这点我还有另外一种观点。"用这句话来延续前一位发言者的发言表明你一直都在倾听。

不要只是说自己同意某件事，你还应该补充一些内容或者给出你同意的理由。不要为了引起别人的注意而发言。

按照小标题或分要点来谈论自己的看法：先是一句简短的介绍，用以提醒会议成员注意你的观点，比如说："我有两点要说，这两点可能会对你有用：第一，联系销售团队，让他们提供客户反馈；第二，通过电子邮件把摘要寄给每位群体成员。"接着，以一段简洁的结论结束你的发言。

如果你想说一些事实和数据，就需要让人们看到这些内容，可以向上司申请展示你准备的材料："我觉得，如果能把我要说的内容写下来，也许大家会理解得更透彻些。所以，我想用一下黑板，可以吗？"不要不由分说地跑到黑板前写写画画。

如果你有一堆想法要说，那就不要把时间浪费在和大家打招呼上。记住你也是这个群体的一分子！当然，你也要学会安静地坐在一边倾听。

把你内心中最直接、最真实的话说出来。不要自命不凡、说教或一副官腔，这些人都是你的同事——你认识的人，他们坐在你的周围，和你分享他们的思维成果。你要根据不同的情况来变化说话方式。

5. 提问

问问题是表达和让别人理解的另一种方式。所问的问题一定要有目的性，其主要目的是为了传达信息或澄清问题，提问让人觉得你机智、思想深刻。

当你不能在会议中发挥太大作用的时候，提问让你参与到会议中来。但是，你必须提对会议有帮助的问题，而不只是为了获得别人的注意才提问。问一些古怪的或者愚蠢的问题是有害无益的。

在发表自己的看法之前，你必须保证已经理解了前面发言的人所说的话。你的话是如何从前一个人的论述中衍生出来的，这就是你发言的缘由。

6. 如果你受到了批评或抨击

不要在群体面前为自己辩解，尤其是不要向上司解释，因为这是软弱的标志，甚至表明了你确实存在过错。如果你遭到了批评或攻击，请保持你的尊严。向人们保证你会注意这个问题的，并将对问题进行分析解剖。要表现出一种开放的思维。

首先，寻求更进一步的信息："我知道你在说什么，我很想仔细研究一下，哪里能找到这些材料呢？"

如果有你的上司或同事不太了解的问题，你可以在会议结束后，私下里向上司或同事提供更多的材料，就不要在会议上占用大家的时间了。

用提问来让批评你的人说得更具体些："感谢你的批评。如果你能解释得清楚一点，告诉我哪个方面没有起到作用，对我的帮助将会更大。等会议结束后，我可以单独找你谈谈吗？"

如果你反对的事情是所有人都赞成的："你们知道我并不赞成，但是既然每个人都赞成，那我也会无条件地支持。不过，亚历克，这是你提出的想法，我想和你确认一下我的理解是准确的。"

做一个通情达理的人，对别人的发言要感兴趣，愿意去倾听并解决问题。通过批评，你将变得强大，不用再畏惧它。

第二章

高效能的表达
——牢记这些口才定律

古德定律：准确把握对方的观点，才能驾驭全局

人们常说，"有一百个读者就有一百个哈姆雷特"。看莎士比亚的《王子复仇记》，人们对主人公哈姆雷特的感觉迥然不同，一百个读者将可能幻化出一百个各自不同的王子形象。同样的道理，同样一个人说话，不同的听众对他观点的理解也会有所偏差。这是因为人们之间存在各种沟通位差，对同一件事也会有不尽相同的理解。

但是这种对言语理解上的差异常常被忽略，人们总以为自己说出的话，听众没有异议，就等于听懂，这其实是主观感觉，也是过高的期望值。实际上"对牛弹琴""曲高和寡"或"言者无心，听众有意"等现象，在沟通中普遍存在。于是，因为不能准确地把握别人的观点，沟通的失败也就在所难免。

因此，如果我们能准确地把握对方的观点，得知对方的想法，那么沟通将会取得最大程度上的成功。这就需要提到沟通中的"古德定律"。古德定律是美国心理学家 P.F. 古德提出的。他认为，人际关系交往的成功，靠的是准确地把握他人的观点。即有的放矢，方能无往不胜。如果我们不知道别人想什么，那么，无论你做什么说什么也不过是徒劳。

古德定律强调了人际交往中要会"换位思考"，也就是学会

"善解人意"。比如，在一个家庭中，如果有一个善解人意的妻子能体谅、体贴丈夫，这个家庭一定会和睦美满，夫妻也容易沟通。这种妻子不光有教养，关键是她们懂得换位思考，凡事能够站在丈夫的立场、角度来感受、考虑与权衡，从而做出与丈夫相近的判断与决定，与丈夫有"所见略同"的智慧和"不谋而合"的默契。

当然，善解人意不单是女子的传统美德，是所有人的美德。一个员工或者领导者，只要学会了换位思考，他就容易善解人意，能够较为准确地把握别人的观点，使沟通步入佳境，获得顺畅与成功。

曹操很喜爱曹植的才华，因此想废了曹丕改立曹植为太子。当曹操将这件事征求贾诩的意见时，贾诩却一声不吭。曹操就很奇怪地问："你为什么不说话？"

贾诩说："我正在想一件事呢！"

曹操问："你在想什么事呢？"

贾诩答："我正在想袁绍、刘表废长立幼招致灾祸的事。"

曹操听后哈哈大笑，立刻明白了贾诩的言外之意，于是不再提废曹丕的事了。

曹操提的问题对于身为下属的贾诩来说非常棘手，稍有不慎就会引起龙颜大怒。而贾诩并没有正面地回答问题，这一点相当聪明，既避免了冒犯领导权威，也没有给人阿谀奉承的感觉。这正是建立在准确理解领导背后意图的基础之上的。

通常，在公司员工与员工、员工与领导者之间的沟通活动中，不论是员工还是领导说话，其实都很难被听众百分之百理解和接受，尽管听众没有表示异议，甚至连连点头称是，却难保听众听懂了，更难保听众是否准确把握了言者的观点。也难怪，许多沟通虽反复多次交谈，却不能奏效，可能正缘于言者观点未能被听众准确把握，甚至听众根本没诚意听，沟通归于失败就是自然的事情。

李平准备借助于好友刘兵的帮助做生意，在他将一笔巨款交给刘兵后，刘兵不幸身亡。李平立刻陷入了两难境地：若开口追款，太刺激刘兵的家人；若不提此事，自己的局面又难以支撑。

帮忙料理完后事，李平对刘妻说了这样一番话："真没想到刘哥走得这么早，我们的合作才开始呢。这样吧，嫂子，刘哥的那些朋友你也认识，你就出面把这笔生意继续做下去吧！需要我跑腿的时候尽管说，吃苦花力气的事我不怕。"

他丝毫没有追款的意思，还很豪气，其实他明知刘妻没有能力也没有心思干下去，话中又蕴含着巧妙的提醒：我只能跑腿花力气，却不熟那些生意，困难不小又时不我待。

结果呢？倒是刘妻反过来安慰他说："这次出事让你生意上受损失了，我也没法干下去了，你还是把钱拿回去再想别的方法吧。"

如果我们能站在对方的立场上看问题，用真情打动他，引起他情感的共鸣，一般情况对方是会理解的。上述案例中李平只字未提追款一事，相反还让对方先开了口。试想，如果他直接说出来会有多尴尬。他的巧妙之处在于说了一席站在对方立场考虑的话，将心比心，对方自然也能站在他的立场思考问题，不知不觉中就说出了李平想说的话。

因此，在沟通中，我们要尽量准确地去把握别人的观点，这就需要我们站在别人的角度去考虑问题，说话时要学会"换位思考"，用"善解人意"准确把握对方的观点，否则就会影响到沟通的效率和成败，严重时会导致人际关系陷入僵局。

首因效应：巧妙利用第一印象俘获人心

在人与人的交往中，初次见面，便留给别人深刻的印象，无论是你说了什么话，做了什么事，在别人的心目中，都会留下烙印。这个烙印就是你的符号，也是你给他人的第一印象。

在与陌生人的交往过程中，所得到的有关对方的最初印象称为第一印象。第一印象并非总是正确，但却总是最鲜明、最牢固的，并且决定着以后双方交往的过程，在对方的头脑中形成并占据着主导地位，这种效应即为首因效应。

我们常说的"给人留下一个好印象"，一般指的就是第一印象，这里存在着首因效应的作用。

首因效应是由美国心理学家洛钦斯首先提出的。首因效应作用最强，持续的时间也长，比以后得到的信息对于事物整个印象产生的作用更大。因此，在交友、招聘、求职等社交活动中，我们可以利用这种效应的积极作用，展示给人一种极好的形象，为以后的交流打下良好的基础。

美国总统林肯曾经接见了一个朋友推荐的人，但是林肯最后拒绝了这个才智过人的人才，理由是相貌不过关。在朋友愤怒地指责林肯以貌取人的时候，说了这样的话："任何人都无法为自己天生的面孔负责。"林肯却回应道："一个人过了40岁，就应该为自己的面孔负责。"

据说，哈佛大学教授经常给新生们讲述林肯这个以貌取人的故事，他们说："我们暂且不管林肯以貌取人是否有其可圈可点之处，重要的是我们不能忽视第一印象的巨大影响和作用，尤其在这个人才济济的时代，外表似乎越来越成为一个人能否给他人留下深刻印象的重要衡量标准。"

哈佛大学心理学教授解释说，在与一个人初次会面时，我们会在四五秒钟内产生第一印象。这一最初的印象对我们的知觉产生较强的影响，并且在我们的头脑中占据着主导地位。

当不同的信息被排列在一起的时候，人们总是倾向于重视排在前面的信息。退一步说，即便人们对后面的信息保持同样的重视度，也会认为后面的信息是非本质的、偶然的。通常，人们的习惯是按照前面的信息解释后面的信息，当后面的信息与前面的不一致时，就会否定后面的信息而服从前面的信息，使整体印象保持一致。

一个新闻系的毕业生正急于寻找工作。一天，他到某报社对总编说："你们需要一个编辑吗？""不需要！""那么记者呢？""不需要！""那么排字工人、校对呢？""不，我们现在什么空缺也没有了。""那么，你们一定需要这个东西。"说着他从公文包中拿出一块精致的小牌子，上面写着"额满，暂不雇用"。总编看了看牌子，微笑着点了点头，说："如果你愿意，可以到我们广告部工作。"

这个大学生通过自己制作的牌子表现了自己的机智和乐观，给总编留下了美好的第一印象，引起其极大的兴趣，从而为自己赢得了一份工作。我们可以看到第一印象相当重要。有时候，首因效应所带来的影响，可以决定一个人的前程甚至命运。因为它主要体现在先入为主上，这种先入为主给人带来的第一印象是鲜明的、强烈的、过目难忘的。对方也最容易将你的首因效应存进他的大脑档案，留下难以磨灭的印象。

虽然我们也知道仅凭一次见面就给对方下结论为时过早，首因效应并不完全可靠，甚至还有可能会出现很大的差错，但是，绝大多数的人还是会下意识地跟着首因效应的感觉走。

在生活节奏较快的现代社会，很少有人会愿意花较多的时间去了解一个给他留下不好第一印象的人。因此，我们若想在人际交往中获得别人的好感和认可，就应当给别人留下良好的第一印象。

在日常交往中，我们要提醒自己，尤其是与别人初次交谈时，一定要注意给别人留下美好的印象，包括姿态、谈吐、表情、衣着打扮等。具体要注意以下两点：

1. 要注重仪表风度

一般情况下，人们都愿意同衣着干净整齐、举止落落大方的人接触和交往。与人见面交谈，要注意面带微笑，这样可以给人留下热情、善良、友好、诚挚的印象。注重仪表，至少让人看起来干净整洁。这样容易给人留下严谨、自爱、有修养的第一印象，尽管这种印象并不总是准确。我们却不能忽视第一印象的巨大作用，无论外在和内在，我们都应该格外注重。

2. 要注意言谈举止

想要给人留下难以忘怀的好印象，还要做到言辞幽默、侃侃而谈、不卑不亢、举止优雅。言谈要恰到好处，使自己显得可爱可敬，同时还要尽量发挥自己的聪明才智，以在对方的心中留下深刻的第一印象。

当然，在社交活动中，利用首因效应给人留下很好的印象，只是一种暂时的行为，要想与对方有更深层次的交往还需要我们完善自己的修养和品格。

近因效应：最后一句话往往最能决定谈话效果

所谓"近因"，是指个体最近获得的信息。近因效应与首因效应相反，是指在多种刺激一次出现的时候，印象的形成主要取决于后来出现的刺激，即交往过程中，我们对他人最近、最新的认识占了主体地位，掩盖了以往形成的对他人的评价，因此，也称为"新颖效应"。

毕业生小林是个相貌平平的男孩，到一个单位参加面试，进考场后，考官只轻描淡写地问了他是哪个学校毕业的，是哪个地方的人等几个问题后，就说面试结束了。正当他要离开考场时，主考官又叫住他，说："你已回答了我们所提出的问题，评委觉得不怎么样，你对此怎么看？"小林立刻回答："你们并没有提可以反映出我的水平的问题，所以，你们也并没有真正地了解我！"考官点点头说："好，面试结束了，你回去等通知吧。"结果是录取通知书如期而至。

最近、最后的印象，往往是最强烈的，可以冲淡在此之前产生的各种因素，这就是"近因效应"。其实，考官第一次说面试结束，只是做出的一种设置，是对毕业生的最后一考，想借此考查一下应聘者的心理素质和临场应变能力。如果这一道题回答得精彩，大可弥补首因效应的缺憾；如果回答得不好，可能会由于这最后的关键性试题而使应聘者前功尽弃。

在社交活动中，近因效应也得到许多应用。比如你到饭店去吃饭，点了丰盛的酒水菜肴，酒足饭饱、快要结账的时候，服务员会给你免费送上一盘水果，这时你会感到很愉快。其实这为的是拉住你做他的"回头客"，下次再来光顾。

美国的航空公司服务精良，一路上让乘客都很满意，但下了飞机，乘客却要在行李处等候6分钟才能取到自己的东西，于是人们就报怨，说航空公司服务质量差，运送行李的速度慢得令人难以忍受。后来有个心理学家出了个主意，他让航空公司派人在乘客下机以后，马上就热情地招呼他们跟随着去取行李，绕了一圈，走了7分钟的路，一到行李处，人们马上就拿到了行李，于是他们纷纷称赞航空公司的高效率。

其实这就是近因效应在起作用。相对来说，随着时间的流逝，前面发生的事容易被最近发生的事所湮没。这是一种心理误区，它使我们做出了与客观事物不完全一致的判断。尽管这种心理定式并非一种全面客观的评价，但却是大多数人都存在的心理现象。

1. 做人说话要首尾一致

虽然首因效应强调了良好的第一印象可以给自己加分，但近因效应也让我们明白，与人交往时，最后一句话也决定着谈话效果。所以，交往中不仅要重视开头，也要注意有一个好的结尾，否则，再好的"第一印象"也无法保证"近因效应"的负面影响。

2. 说话语序不同影响效果

由于近因效应往往因为最后的一句话决定了整句话的调子，所以语序不同表达的效果也完全不同。有时尽管你有心讲出令人感到愉悦的话，但是如果最后一句话是悲观的语调，整句话就呈现出悲观的气氛。

例如，向考生说："随便考上一个学校，应该没有什么问题吧？虽然录取率那么低。"或者说："虽然录取率那么低，总能考上一个学校吧？"这两句话的意思是一样的，只因语句排列的顺序不同，给人的印象全然不同。前者给人留下悲观的印象，后者则相反，给人一种乐观的印象。

3. 批评之后莫忘安慰

美国某职业棒球队的一位名投手，由于一位跑垒员犯了不该犯的失误，气得他当场把棒球手套狠狠地摔在地上。然而在比赛之后，他还是上前拍拍那个跑垒员的肩膀说："不要难过，我知道你也尽了力，好好加油吧！"这是一句多么适时而得体的安慰话。

因此，生活中，我们在不得不批评他人的时候，千万别忘了在批评之后加上一句："其实，你还是很不错的。"尽可能使它产生一个良好的近因效应。

自己人效应：将对方拉进自己战壕

生活中两个人初次见面，经常会询问对方籍贯、学业、工作之类的问题，有时候会惊喜地发现对方是自己的老乡或校友。这样，就可以拉近彼此的心理距离。接下来，如果有什么事想要合作，也会比较容易了。

在这样的人际交往中，其实人们已经不知不觉地利用了"自己人效应"，就是让对方把自己当作他的"自己人"，使关系迅速拉近。

自己人效应，又叫作"亲和效应"，指的是在人际沟通过程中，人们常常会因相互之间存在某种共同或者近似之处，而感到彼此更易接近。而这种彼此接近，一般又会让交往对象萌生亲切感，并更加体谅。

在人际交往与认知中，人们常常存在一种倾向，也就是对自己比较亲近的对象会更乐意接近。如果双方关系良好，一方就更容易接受另一方的某些观点、立场，甚至对对方提出的为难的要求，也不太容易拒绝。

在人际沟通中，人与人之间会相互影响。这种影响有时是有意的，有时却是无意的，我们可以利用这种"有意"的影响，与他人建立良好的关系。

苏联最受广大青年学子欢迎的演讲家加里宁受邀在一所中学发表演讲。加里宁的演讲是这样开头的：

"亲爱的同学们，我也经历过像你们这样的学生时代，我深知作为一名在校学生的追求和梦想。我的想法跟你们现在的想法一样，就是能好好学习，取得优异的成绩。这不但是你、我的希望，也是家长的愿望，更是政府、社会以及老一辈人对你们的共同期望！"

加里宁在演讲的一开始就从自己的经历切入，坦言自己也经历过这样的学生时代，而且表示自己理解作为学生的心理感受，从而吸引同学们的注意力，缩短彼此的心理距离，让台下的学生感到亲切，激发认同感，从而产生共鸣。这样，听众便会对这个"自己人"所说的话更加信赖，也更容易接受。

用"自己人效应"激发共鸣要找到与听众心灵沟通的连接点，寻找出与听众心心相印的共鸣区，其实并不难。情感、地位、目的、经历等都能在听众中间产生"自己人效应"，引起听众的共鸣。

英国首相丘吉尔在第二次世界大战期间在美国做圣诞演说时曾这样讲道："我今天虽然远离家庭和祖国，在这里过节，但我一点儿也没有异乡的感觉。我不知道，这是由于本人的母亲血统和你们相同，抑或是由于本人多年来在此所得的友谊……在美国的中心和最高权力的所在地，我根本不觉得自己是个外来者，我们的人民讲着共同的语言，有着同样的宗教信仰，还在很大程度上追求着同样的理想。我所能感觉到的是一种和谐的兄弟间亲密无间的气氛……"

不可否认，首相的"自己人策略"的确奏效了，他轻松地"俘虏"了听众的心。丘吉尔从友谊、情感等角度导出了"我们""本人的母亲血统和你们相同""一种和谐的兄弟间亲密无间的气氛"，这样的讲话产生了异乎寻常的"自己人效应"，激发了听众强烈的共鸣，获得极大的成功。

利用"自己人效应"强化我们在对方心中的印象，就是要让对方确认我们是他的"自己人"。林肯曾引用一句格言说："一滴蜜比一加仑胆汁能够捕到更多的苍蝇。人心也是如此，假如你要别人同意你的原则，就要先使他相信：你是他的忠实朋友，即'自己人'。用一滴蜜去赢得他的心，你就能使他走在理智的大道上。"

牢骚效应：牢骚宜疏不宜堵

哈佛大学心理学系的梅约教授组织过一个"谈话试验"。具体做法就是专家们找工人个别谈话，而且规定在谈话过程中，专家要耐心倾听工人们对厂方的各种意见和不满，并做详细记录。与此同时，专家对工人的不满意见不准反驳和训斥。这一实验研究的周期是两年。在这两年多的时间里，研究人员前前后后与工人谈话的总数达到了两万余次。结果发现：这两年，工厂的产量大幅度提高了。

经过研究，他们给出了原因：长期以来，这家工厂的工人对它的各个方面有诸多不满，但无处发泄。"谈话试验"使他们的这些不满都发泄出来，从而感到心情舒畅，所以工作干劲高涨。这就是牢骚效应。

牢骚效应告诉我们：人有各种各样的愿望，但真正能达成的却为数不多。对那些未能实现的意愿和未能满足的情绪，千万不要压制，而是要进行疏导，使之发泄出来，这对人的身心发展和提高工作效率都非常有利。

在希尔顿21岁那年，父亲把一个旅店经理的职务交给了他，同时给他转让了部分股权。然而，在这段时期，父亲却经常干预他的工作，也许是父亲总觉得儿子还太年轻，事业尚未稳固，如果儿子一旦失误可能会给家族企业带来重大打击。而对希尔顿来说这是一件非常让人恼火的事，他觉得自己有职无权，处处受父亲的制约之苦。

后来，当希尔顿日后有权任命他人时，总是慎重地选拔人才，但只要一下决定，就给予其授权。这样，被选中的人也有机会证明自己是对还是错。事实上，在希尔顿的旅馆王国之中，许多高级职员都是从基层逐步提拔上来的。由于他们都有丰富的经验，所以经营管理非常出色。希尔顿对于被提升的每一个人都十分信任，放手让他们在各自的工作中发挥聪明才智，大胆负责地工作。

如果下属中有人犯了错误，希尔顿常常单独把他们叫到办公室，先鼓励安慰一番，告诉他们人都难免会出错。然后，他再帮他们客观地分析错误的原因，并一同研究解决问题的办法。希尔顿之所以对下属犯错误采取宽容的态度，是因为他认为，只要企业的高层领导，特别是总经理和董事会的决策是正确的，员工犯些小错误是不会影响大局的。如果一味地指责，反而会打击一部分人的工作积极性，从根本上动摇企业的根基。希尔顿的处事原则，使手下的全部管理人员都对他信赖、忠诚，对工作兢兢业业，认真负责。

牢骚效应实际上讲的是一个"堵"与"疏"的问题。这就像一个水池一样，当流通不畅，慢慢地就会堵塞，水从上边溢出。当流通顺畅时，杂质就随下水流走了，水池就不会堵了。不让职工发牢骚，职工的不满情绪无法发泄出来，一是会导致公司死气沉沉，如死水一潭，没有活力，形成无声的抗争；二是一旦问题爆发，就会矛盾激化，无缓冲期，搞不好闹成劳资双方两败俱伤。为此，建立公司的上下沟通机制，给员工发牢骚的机会，让员工的不满都宣泄出来，才会心情舒畅地投身到工作之中。

在日本，很多企业都非常注重为员工提供发泄自己情绪的渠道。松下公司就是如此。

在美国的某些企业，有一种叫做 Hop Day（发泄日）的制度，就是在每个月专门划出一天给员工发泄不满。这提供了一种给所有员工更好的沟通机会，起到了调节气氛的作用。当然，无论是发泄还是提建议，其本质都是沟通。只要渠道通畅，就都能取得好的效果。

在沟通过程中，要想更好地应用牢骚效应还要注意以下事项：

（1）要建立适合的制度，分清哪些牢骚是允许的，哪些是不被允许的。

（2）员工的牢骚宜疏不宜堵。公司里大多存在着正式和非正式的组织，而牢骚在非正式组织内传得比较快。一句真话经过多人传话后就可能变成假话，而牢骚经过多人的传播，就可能形成谣言。

第三章

风格塑造

——打造独具一格的表达

声音：一开口就与众不同

声音是你讲话内容的载体。你的声音反映出你的感觉、你的心情和现在的状态，是你说话中强有力的、必不可少的工具。当我们与听众交流思想的时候，要使用许多发音组织和身体的各个部分。我们会做出这样的动作：耸肩、挥动手臂、皱眉、增大音量、改变音调，并且依据场合与题材变换语速，以表达不同的意思。

需要注意的是，这里所强调的是声音的效果而不是声音的原理，即物理性质。有些东西已经无法改变，而声音的效果则受到说话者的情绪、状态的影响，这就是强调说话者必须要热情的原因之一。因此，你需要一开口就与众不同。

遗憾的是，随着年龄的增长，大多数人都会失去幼时的纯真和自然，在不知不觉中落入一定的、为我们所习惯的沟通模式中去。这使得我们的说话越来越没有生气，我们也越来越不会使用手势，并且不再抑扬顿挫地提高或放低声音。总之，我们正在逐渐失去我们真正交谈时的那种鲜活和自然。

我们也许已经养成了说话太快或太慢的习惯。同时，我们的用词一不小心就会非常散乱。一再强调你在说话的时候要自然，也许你会误以为可以胡乱地遣词造句，或以单调无聊的方式表达——只要你做到了自然。其实不然。要求大家讲话自然，是要你把自己的意念完整地用词语表达出来。从另一个角度来说，说话高手绝不会认为自己无法再增加词汇，无法再运用想象和措辞，无法变化表达的形式和增强表达的效果。这些都是追求精益求精的人们所乐于去做的。

那么，如果你也想塑造自己的讲话风格，你最好注意一下自己的音量及音调的变化和语速。你可以把你说的话录下来，也可以请朋友给你指点，当然，如果能让专家来给你指导的话则会更好。不过，这些都是没有说话对象的练习，跟实际说话完全不同。一旦站在人们面前，你就要将自己的全部精力投入到讲话之中，以引起对方的共鸣。

选择怎样发音，完全取决于你的个性、场合以及你所要表达的感情。在一般情况下，你的发音要做到清脆而洪亮。说话清晰，才显得有自信心、目的性明确和善于表达，这会给对方泰然自若的感觉。在公众场合，别人的谈话正处在争论不休的阶段，如果你站起来声音洪亮地说一句语句简短的话，则会产生震撼人心的作用。

讲话时你的声音需要足够大而且清晰。你所处的场合也许是三两个人的促膝而谈，在这种谈话中你可能比较容易做到这一点。但是，如果你面对的是成百上千个听众，比如站在广场上发表演讲时，你则应该尽量让更多的人听到。因为如果他们没有听到的话，他们就会忽略你所说的内容，而不是提醒你大声讲或者重新讲述。因此，你要根据情况的不同调整你的音量。

当你需要强调某一个重点的时候，你可以适当地提高音量。在某个重要的地方提高音量，可以引起大家的注意。当然，有的时候适当地降低音量也能使你达到这个目的。在任何情况下，音量的变化都可以使你突出重点。

这里有一个运用重音的例子。

一天，林肯正低着头擦靴子，有位外国外交官看见了，嘲讽林肯说：

"总统先生，你经常给自己擦靴子吗？"

"是的，"林肯答道，"你经常给谁擦靴子？"

林肯的这句话巧妙地转移了对方的重音，使自己脱离了被嘲讽的境地，并置对方于尴尬的处境。

另外，你需要使你的声音有变化。变音涉及音高程度。如果你一直采用高音来说话，有谁愿意听这样尖锐的声音呢？而且，当你一味地使用高音的时候，你的声音会显得过于单调。因此，你必须在音高上有所变化，这样能够使你的声音悦耳而且更有活力。与调节音量一样，当你要阐明某个观点时，变音也会使你更加积极地传达信息。你可以采取略高或略低的声音来表示你对某个观点的重视程度。

我们平时与人交谈时，声音会高低起伏不断变化，就像大海不断起伏一样。为什么会这样呢？没有人知道，也没有人关心这个问题。但是，这种方式显然能使人感到愉快，而且它也是一种很自然的方式。然而，当我们开始某种正式的讲话时，我们的声音却变得枯燥、平淡而单调，就像一片沙漠一样。当你发现自己出现以上的状况时，就要停下来反省了。

一般来说，你需要使你的声音避免出现以下这些情况：

发音含糊

如果你的牙齿紧紧靠合，或者更加糟糕些，你的双唇像腹语者一样紧闭不动，那么毫无疑问，你正在用鼻音说话。用鼻音说话导致的最大问题就是发音含糊不清。这样对方会以为你在抱怨，而你也会显得恹恹而无生气，非常消极。

听起来不确定

你必须使对方感觉到，你对你所讲的内容是非常自信的。当你的声音颤抖或者犹豫的时候，对方会以为你对所说的没有把握。如果连你自己都对你所说的没有把握的话，怎么要求让对方对它产生兴趣呢？

咕哝

不要使你的话听起来像是在自言自语。声音过低或者不清晰，听起来同样让人觉得你不确定。你可能本来就不打算让对方听到你的这些话，但是他们模糊地听到了，却不知道你讲的是什么，他们就会产生怀疑，猜测你正在说一些对他们不利的东西。

声音过高

如果你的声音像飞机降落时的制动声，对方会感到你十分可厌，因此不去听你讲话。过高的声音会使你的讲话具有攻击性，他们会以为你正处在一种压倒、胁迫他们的立场，而这不是他们所愿意的。所以当你喊着要大家听你的话的时候，没有人会愿意听从你的意见。

尾音过低

你可能会造成这样的情况：当到了一句话的结尾或者关键的地方，你的声音慢慢地低下去，最后就没有了。这样会使句子听起来不完整。你要相信，对方不会愿意去猜测你后面到底讲了什么东西。

令人不适的语调

无论你的意图如何，它最终都是通过声音来表达的。因此，如果你的声音里含有傲慢、蔑视或者其他消极的情感因素的话，你就会伤害听你讲话的人，或给别人不受尊重的感觉。

当你处于一种消极状态的时候，如果你将它掺杂到你的声音中，人们会把它想象得比真实情况要糟糕得多，转而分散自己的注意力。比如，你稍微的挫折感可能被理解为歇斯底里，而你的失望可能被理解为绝望。因此，你必须在你的语调中显示出你真挚的感情来，这样才能以积极的方式去吸引对方的注意力。

夹杂乡土口音

要想声音娓娓动听，最好不要夹杂地方口音。当然，如果你确实要用的话，你必须运用某种方法进行强调，而不要让人们以为你的发音不标准。

节奏：说话不能拖泥带水

你肯定希望自己给人干练、明快的印象，那么，你必须掌握好说话的节奏。影响说话节奏的主要有两个因素：讲话的快慢和说话内容的简繁。

在语言交流中，讲话的快慢程度会影响你向对方传达信息。速度太快就如同音调过高一样，会给人以紧张和焦虑的感觉。如果你说话太快，以至于某些词语模糊不清，他人就会听不懂你所说的东西，而节奏太慢又会表明你过于拖沓、过于迟钝。

华特·史狄文思在《记者眼中的林肯》一书中说道：

"他（指林肯）会以很快的速度说出几个字，但是遇到他希望强调的词句时，就会拖长声音，一字一句说得很重。然后，他会像闪电一样迅速地把整个句子都说完……他会尽量拖长所需要强调的字句，差不多与说其他五六句不重要的句子所使用的时间一样长。"

比如，"今天我要向大家介绍的就是我们公司的这款商品。"当你在说这句话的时候，你可以先用平缓略低的声音说到"公司的"这3个字为止，然后稍作停顿，热情地大声说出"这款商品！"利用这种技巧你一定能够收到意想不到的效果。

社交语言要简洁、精练，并尽可能地承载更多和更有用的信息，这样才能使你的说话节奏明快，使听众觉得你果断、直接和对说话内容肯定。如果空话连篇、言之无物，你的说话节奏必然拖沓，并且似乎很犹豫，好像在回避什么东西似的。

有的说话者在表达自己观点的时候讲得太多，而且持续的时间太长。林肯的葛底斯堡演说是最著名的演说之一，当时林肯只讲了两分钟，全篇讲话才不过226个字，结果却使这场演说名垂青史，声震寰宇。

为了使你说的话不拖泥带水，你需要注意的是：

直接

你需要直接地向对方表达你的意思。你需要尽快揭示主题，让你的主要意思清晰明了。有的人总喜欢旁敲侧击，但是这容易分散对方的注意力。

简单明了

当你在说明你的重要观点的时候，词汇或句子越少越好。一句老话这么说："我问你几点钟，你不用告诉我表的工作原理。"

可是现实情况是，明明可以用少数词句就可以表达清楚的观点，人们总是喜欢用过多的词句，甚至堆砌故事、人物、数字来说明他的主题。你需要避免过多的修饰，它只会损害你的表达。

你应该知道下面这位父亲在说话时的错误：

一个十几岁的孩子第一次参加正式的舞会，他的父亲这样教导他：

"你也许不应该在今晚的舞会之前、之中或之后喝酒。"

像"也许"这样缺乏说服力的限制词或关联词，听起来叫人不能确定你要表达的究竟是什么意思，对方可能不明白你所肯定的是什么。你不仅不能给对方以果断、直接和坚决的印象，甚至还会造成歧意。

集中一点

你可能会想讲多个主题，但这将使你和对方的精力都被分散。实际上，你要把一个主题讲得很透彻都十分困难，所以更不可能把每个主题都讲透。如果非得这样，那么每个主题你都只能浅尝辄止，因此跟对方讨论各种话题会影响你主要观点的表达。

另外，许多人总喜欢注重细节的描述。你可以描述细节，但是必须注意一个前提，即不能影响你的主题的表达。如果你过于重视这些细节，你的信息重点就会不清晰。千万不要让对方以为，在理解你的观点时需要付出多么艰难的努力。大多数人都不愿意这么去做。通过你的表达，使对方得到重要的信息，这才是最重要的。

形象：让别人更容易接受

东方有句话叫作"人不可貌相"，说的是我们不能以貌取人。但是，我们不难发现，人们虽然知道这个道理，但在与人交往的时候，往往还是最先从一个人的外貌去做判断，猜测这个人是什么样的。尽管这种方法十分片面、很不科学，但是却形成了一种社会现象。因为我们在与人交往时，给我们直接的、真实感觉的就是一个人的形象。至于他的内在，比如涵养和性格，都只能经过较长时间的观察才能得出。

具体说来，形象是说话者文化素养和情趣的反映，它微妙地作用于人的脑海，完成了语言难以完成的效果。如果你注意你的形象，争取在第一时间给人好的印象，那么这将有助于你得到别人的认同。比如说，你给人一种诚恳的感觉，别人可能对你产生一种信赖感，从而也相信你所说的话。

你可能非常相信你的老师所说的话，也更加容易被一个你仰慕已久的专家所打动。如果对方是一位总统的话，你可能毫不犹豫地认为他所说的话是对的，这在很大程度上是因为对方在你心目中的形象十分可信。假设你在街上邂逅一个陌生人向你推销商品，如果对方衣冠不整、口齿不清，你多半会认为他卖的是伪劣产品。而如果对方衣冠楚楚、谈吐不凡，你很有可能相信他介绍的产品的优点是真的，从而把它买下。

另外，社会学家发现，我们往往在 7 ~ 20 秒内就对别人进行了判断，这就是对方在我们心目中留下的印象。而这种在极短时间内形成的印象，日后也很难改变，甚至可以延续一辈子。这就是我们为什么本能地喜欢或讨厌一些人的原因。

我们可能会有这样的感觉：如果一个人给你的第一印象很好的话——假如他看起来很自信、对人真诚——那么你可能对他产生相当的好感，转而更加相信他所说的话。事实上，这是所有人都有的感受。

面对说话者，我们的第一印象确实十分重要，这几乎可以影响到自己对对方的所有判断。比如，面对同一个演讲者，如果他给你的第一印象好的话，那么不论他讲得好不好，你都会认为他讲得好；而如果他给你的第一印象坏的话，他即使讲得再好，在你的心里仍然要大打折扣。这个印象对判断他以后的演讲仍然有一定的影响。

既然事实如此，你如果想使他人对你的话更加信服，就只有更加注意自己的形象，尤其是给人的第一印象。良好的第一印象是成功交往、创建融洽的沟通氛围的良好开端。关于形象的建立，具体说起来非常复杂，因为它包含了许多内容。而前面所讲的很多内容仍然有效，比如，有艺术的谈吐，就能够使你看起来比较可信，因此也有利于使自己讲的话更值得信赖。现在着重补充以下的内容：

衣着形象

衣着是信息的一部分，人们对衣着会有自己各种各样的喜好。我们都知道为什么在店铺里穿着考究的人会比穿着简陋的人得到更好的服务。一个娱乐节目的主持人，如果他穿着一套笔挺的西装的话，会显得比较尴尬；而一个政府发言人，如果他穿着一套休闲服装的话，人们可能不大相信他所说的话，甚至可能认为他是冒牌的。你也应该做到让人看起来顺眼，而不是邋遢。

如果需要更高一点的要求，那就是：衣着应该支持你的观点。

对说话人而言，更重要的一点就是看起来可信——如果你穿着合适的话。

一个人的穿着打扮，包括服饰的颜色、式样、档次和搭配，以及饰物的裁剪，都与他的性格爱好、文化修养、生活习惯有关系。心理学家发现：一个注重穿着打扮的人，他的责任心和可信度会比较高。

在穿着方面应该注意以下几个方面：

装束要适度。你要让对方注意的是你的讲话，而不是你吸引人的衣服。

要擦亮你的皮鞋。你在台上的时候应该更加注意这一点。

穿着要舒适。不要让领带勒紧你的脖子，这会让你看起来呼吸困难。

不要把你的衣服口袋塞满。这会让你看起来像是刚从杂货店出来。

不要让你的铅笔等物品从衬衫口袋或西服口袋里面露出来。这会让你看起来很令人讨厌。

礼貌待人，主动热情

不要让自己看起来冷冰冰的，这会让人觉得你很高傲，从而打消跟你交往的念头。你要举止得体、彬彬有礼，而不要看起来很莽撞、没有一点涵养。主动热情则要求你在交往的过程中表现为喜欢、赞美和关注他人。如果你做到了这一点，对方会认为你说的话确实是从他们的角度进行考虑的，从而更加愿意相信你所说的话。

求同存异，缩小差距

平等是交往的首要原则。如果你看起来一副高人一等的样子，你会使人产生反感情绪。

相似是交往的另一个原则。你如果和他人在兴趣爱好、观点态度，甚至年龄、服饰等方面差距较小，就会较容易和他拉近距离，从而消除陌生感，尽快地从心理上靠近对方。

不过，把握好这个尺度也是必要的，如果你随时都附和别人的观点，那么人们也会认为你没有自己的主见。

了解对方，记住特征

每个人最关心的都是自己。如果你对他的个人问题表示出一定的关心的话，你会给他一种被尊重的感觉。在了解了他人之后，如果你打算更进一步地交往的话，你需要把你们的话题转换到他感兴趣的事情上来。

比如，如果对方喜欢养花的话，你可以跟他谈谈养花的逸闻趣事，或者表现出你对玫瑰的历史有相当的兴趣。不过，千万不要请教太高深的问题，如果对方回答不出来的话，他可能会迁怒于你。

修辞：让话语更有分量

耶稣在解释"天国"时，采用了一种非常好的方法，那就是运用人们熟悉的东西来说明他们不熟悉的东西。比如，他说：

"天国就像酵母，人们把它放到玉米粉里面，它就会全部发酵完毕……"

"天国就像寻找珍珠的商人……"

"天国就像撒入大海中的网……"

在这里，"天国"可能不是人们所熟悉的，而酵母、商人、网则是为大家所熟悉的东西。耶稣采用了这样一种巧妙的方式，运用两者类似的地方进行比较，就更加容易让人明白。

你是不是有时候也会这么去做？当你想要对方快一点的时候，你可能会对他说："希望你弄完的时候，我还不至于变成'木乃伊'！"你和对方都知道，你至少在这么短的时间里变不成"木乃伊"，但是你却很明显地夸大了事实。实际上，在说话的时候，如果你想要强调某一点，适当地运用一些夸张将是一个非常好的办法。如果你想说明某人的做法可能会产生严重后果的话，你也许会说："你这样做，就好像是打开了潘多拉的盒子。"而他肯定也知道你说这话的意思。

如果你现在正在跟一个古希腊人辩论，你的好处将是在这里没有你讨厌的律师，而坏处是你必须自己为自己辩护。正是因为这样，如果想要在辩论中取胜，你必须采用各种各样类似上面所举的例子那样的方法来改善自己的话语，以使它更有分量，使人们更加相信你。而这种方法就是通常所说的修辞。如果你注意到了这里，你就会发现，律师之所以能言善辩，正是因为经常用到它。

上面所举的两个例子是两种十分常见的修辞方法，耶稣用的那种是比喻，而你在说自己变成"木乃伊"时所用的是夸张。修辞方法除了上面两种外，还有许多种。你不用因为需要掌握这么多修辞方法而烦恼，实际上，正是因为它多，才使你说的话变得更有说服力。下面将就几种主要的、容易掌握的修辞方法进行简略的说明。

引用

实际上，这种修辞方法是我们最常用到的。卡耐基就经常在其书里大量地引用著名演讲家和学员的故事来说明他的观点，事实证明，这样的确收到了很好的效果。

反复

也就是以相同的节奏重复同一个意思。这样做的好处是，你不仅能够把听众的注意力吸引住，从而让他们知道你的主要观点是什么，而且能够将你的主要思想与整个演讲融为一体。比如，一个演讲家在谈论某个部门的时候说：

"这个系统，它有着糟糕的公众服务，政府雇员的数量却远远超过了工厂。

"这个系统，它有着一个好管闲事的政府，每时每刻都准备插手你的商业事务和私人生活。

"这个系统，它吞噬了整个国家将近一半的财政预算。"

通过反复，他让听众相信，这个部门确实存在很多问题而急需改革了。

对比

对比是指同时列出两个相反或者相对的事物。我们先看查尔·狄更斯在《双城记》里是如何巧妙地运用对比这种修辞手法的：

"那是最美好的年代，也是最糟糕的年代；那是智慧的时代，也是愚蠢的时代；那是信仰的时期，也是怀疑的时期；那是光明的季节，也是黑暗的季节；那是希望的春天，也是绝望的冬天；在我们前面，堆积如山，也一无所有；我们全都奔向天堂，也全都走向地狱……"

对比确实能够使原本平淡无奇的话变得精彩，使你的语言变得很有说服力。不用去管为什么会这样，这些问题可以留给语言学家或心理学家去解答，你只要知道它有用并尽量去用就行了。

反问

当你在表达一个观点的时候，你可能会说："难道不是这样吗？"一方面，你认为事实明明就是这样的；另一方面，你可能并不需要听众回答这个问题。这时候，反问只是为了吸引听众对你的问题的注意，它常常被用在结论和过渡中。

但是有时候，它可以表达更多的意思。如果你想说服一个人，最好的方法就是举出例证反问之，这样比正面辩论要有更大的说服力。

有一次，伟大的拿破仑骄傲地对他的秘书说："布里昂，你知道吗？你将永垂不朽了。"布里昂并没有明白他的意思，问拿破仑为什么这么说。

拿破仑说道："你不是我的秘书吗？"

如何说别人才爱听，怎么听别人才会说

布里昂明白后，不甘示弱地对拿破仑说："请问，亚历山大的秘书是谁？"

拿破仑没有答上来。但他赞扬布里昂说："问得好！"

你明白这段对话的奥妙吗？拿破仑的意思是，因为布里昂是他的秘书，所以会扬名。但是，布里昂却表示自己不愿意靠别人出名，所以反问了拿破仑这么一句话。他问拿破仑那句话的意思是，伟大人物的秘书不一定就会出名。但是，因为拿破仑是他的主帅，他不能直接反驳拿破仑的观点，所以用反问巧妙地表达了自己的看法。

排比

排比就是将 3 个或 3 个以上同样的句式放在一起。你可能也曾经看到过这样的例子，只是没有注意而已。

排比的独特优点在于它对任何话题都适用。无论你要讲的是什么，你总能用上这种修辞方法。

更多关于修辞方法的内容，你可以找相关的著作来看。

说话要有自己的独特风格

款式新颖、造型独特的物体常常是市场上的畅销货；见解与众不同、构思新奇的著作往往供不应求。独特、新颖便是价值。物如此，人亦然。培养自己讲话的风格，使其独树一帜，对你的讲话将起到意想不到的效果。

如果想让别人记住自己，必须有某种独特的地方，可以给他人留下深刻的印象。也许你可以利用自己的长相，如一缕红胡子，但是这只能帮助你引起人们的注意。除非有伟大人物的那种超凡的魅力，否则你就必须培养自己的与众不同风格，这是让别人永远记住你的最好方法。

某公司在一次"形象大使"的选拔赛中，为了测试参赛小姐的应对技巧，主持人提出了这样一个难题："假如你必须在肖邦和希特勒两个人中间，选择一个作为终身伴侣的话，你会选择哪一个呢？"

其中有一位参赛小姐是这样回答的："我会选择希特勒。如果嫁给希特勒的话，我相信我能够感化他，那么第二次世界大战就不会发生了，也不会有那么多家破人亡的事故发生。"这位小姐的巧妙回答赢得了人们的掌声。

这个问题难度较大，大多数人估计都不会回答"选择希特勒"，因为如果回答"选择希特勒"，很难给予合理的解释。那位小姐却选择了出人意料的答案，又给出了合理而又充满正义的解释，从而成功地推销了自己的特色，以幽默、机智给评委留下了深刻印象。

美国人类行为研究者汤姆士说过："说话的能力是成名的捷径，它能使人显赫、鹤立鸡群、受人爱戴、得人拥护。它使一个人的才学充分拓展、熠熠生辉、事半功倍、业绩卓著，发生在成功人物身上的奇迹，一半是由口才创造的。"

独特的谈话风格能为我们的成功提供很大的帮助。讲话的风格，不仅仅是使用词汇的问题，而且是使用词汇的方式方法的问题，因此讲话风格也能反映出说话者的态度和修养。

美国第36任总统林登·贝恩斯·约翰逊的形象化的语言被评论为"残酷而粗鲁，蛮横又无礼，却常常有声有色"。他的前新闻部长也曾经感叹："他能创造出一些诙谐有趣的词语……"当约翰逊还是副总统时，曾在一次国会秘密会议上，因没人认同他而气冲冲地走出会议室，并对他的助手说："我现在才明白caucus（国会秘密会议）和gactus（仙人掌）的区别，那就是仙人掌的刺是长在外面的。"

像约翰逊那样在言谈中发挥你的创意吧！彰显你的个性，从而形成自己独特的说话风格。树立自己讲话的风格对你是特别有利的。如果你想成为谈话高手，可以从以下两个方面做起，以便引起人们的注意，给他人留下深刻的印象。

1. 可用真诚的思想和坦率的语言

要想说话有自己的风格，一方面，不要模仿别人，也不要表现不属于自己风格的东西。向别人学习是件好事，但不能模仿别人的风格或说话的口吻，这就要求我们在谈话的时候要自然。

有些人与别人谈话时，认为自己有必要装腔作势，或者戴上一副假面具；有些人试图表现得过于热情，有的时候甚至表现出媚态；有些人急功近利，就像做电视商业广告一样。这些人的失误之处在于他们表现的不是自己的本色，因此别人自然不会认同他们的观点。

事实上，真实的思想和坦率的语言就是个性突出的最佳表现。你不妨实事求是，个性鲜明地怎么想就怎么说（当然，除一些敏感性问题需有适度的分寸之外）。你所表现出的机敏、坦诚与个性，一定是对方最为欣赏的。

2. 根据现场情况随机应变

现实中，经常会出现这样的情况，就是在同一时间、同一场合进行交谈时，由于受时间、地点、气氛及相同主题的制约，经常会陷入俗套，甚至发生程序化的"千人一腔"的现象。在这样的情况下，要想与众不同，就需要有创新精神。

因为新奇的事物刺激度强，而"喜新厌旧"又是人们与生俱来的特点，因此，能否出新就成了讲话的关键。

说话要因人而异

有句话说得好："话不投机半句多。"要想和人谈得投机，不是随便聊聊就可以的。谈对方感兴趣的事情，在谈话一开始就有共同语言，才能打开话匣子。但是面对不同的人，就要用不同的交谈方式，即所谓的"因人而异"。

两千多年前，孔子就注意针对学生的不同性格来回答他的问题。有一次，孔子的学生仲由问："听到了，就可以去做吗？"孔子回答说："不能。"另一个学生冉求也问同样的问题："听到了，就可以去做吗？"孔子的回答是："那当然，去做吧！"公西华听了，对于孔子的回答感到有些疑惑，就问孔子说："这两个人问题相同，而你的回答却相反。我有点儿糊涂，特来请教。"孔子答："求也退，故进之；由也兼人，故退之。"

孔子的意思是说，冉求平时做事好退缩，所以我就给他壮胆；仲由好胜，胆大勇为，所以我要劝阻他，做事要三思而行。可见，孔子诲人不是千篇一律，而是因材施教，特别注意学生的性格特征，因此能够使学生更好地发展。

我们要根据说话对象的不同，采取不同的表达方式，否则，就容易制造对立，带来麻烦。比如，如果讲话者本身是一个不善用修饰词令进行说话的人，那么，便不必使用那些生硬的修辞，可以运用平实质朴的语言，突出自己的真诚，这样反而会更加亲切。有些人往往把这种灵活的交谈方式看成是见风使舵或曲意奉迎，其实这是一种错误的观念。因为你只有与不同的人说不同的话，迎合对方的心理，从而博得对方的好感，才有可能达到自己的目的。

有句俗话叫作"人上一百，形形色色"。人各有其情，各有其性。言辞表达的内容和方式要因人而异，符合接受对象的脾气性格，才有可能产生"同声相应，同气相求"的效果。我们在与别人交流时，也要注意因人而异。

1.看人的个性说话

跟别人说话，要先弄清楚对方的个性。如果对方喜欢委婉地交谈，你就应该说得含蓄些；如果对方喜欢率直的，你就应该说得爽快些；对方崇尚学问，你就应该说得富有哲理些；对方喜谈琐事，你就应该说得通俗些。总之，说话方式与对方个性相符，双方就能一拍即合。

一般来说，性格外向的人易于"喜形于色"，性格内向的人多半"沉默寡言"。同性格外向的人谈话，你可以侃侃而谈；同性格内向的人谈话，则应注意循循善诱。最重要的是表现真诚，挖掘一些对方比较在意、隐藏在内心深处的话题，让对方感觉你是在真心地关心他。

2. 看人的身份说话

如果你对识字不多的人摆出一副知识分子的架子，满口之乎者也，肯定会让对方一头雾水，难以接受。如果你对文化修养较高的人开口就是一副江湖气，也容易引起对方反感，难以获得对方的信任和好感。

一位教授到农村考察，向一位八十多岁的老爷爷问道："老人家，您今年贵庚几何？"老人想了半天，不知教授所言何事，然后反问"什么贵庚"？教授解释："就是你多大岁数了。"老爷爷这才明白。这位教授说话不看对象，难怪会闹笑话。所以，要想收到理想的表达效果，就应当看对方的身份说话。

3. 看人的年龄说话

与年长人谈话时应保持谦虚，多用尊重和肯定对方的词语。

长辈接受的新知识可能比你少，可是无论怎样，其经验要丰富得多。因此，在与他们谈话时，你要保持谦虚的态度。年龄大的人喜欢回忆往事，可以和他们聊聊本地市政的沿革、民情的变迁、风俗的演化等。也可以和他们聊一聊他的子孙后代，这些都是他们感兴趣的话题。

与年轻人谈话应沉着、稳重。这是因为后辈的思想虽然超前，但就某些方面的知识来说他们还远不及自己，因此，你无须降低身份。另外，与后辈谈一些他们很感兴趣的事物，让他们相信你是从他们的立场来看待事物的，让他们明白你也有与他们一样的观念，这样谈话就能很顺利地进行下去了。

与同龄人谈话应保持自己的个性。谦虚而不傲慢，以幽默随和为最佳。一般来说，同龄人之间更容易找到共同话题。比如与同龄的男人可以谈工作，社会热点及业余爱好；与同龄的女人可以聊美容、服装、化妆品等。只有这样，才能和不同的人聊得深入，获得他们的好感和认可，从而达到沟通的良好效果。

第四章

形象化的语言

——让你的表述『看得见』

视觉信息如何影响听众

为了将你的信息视觉化，你需要了解视觉信息是如何影响人们的认知以及如何在说服听众、传递信息方面提供帮助的。

将你的信息视觉化有以下一些优点：

精确。将你的数据和观点用视觉手段显示出来，有助于听众准确地接受你传递的信息或主题，而不是凭主观想象出自己的版本。从精确性上考虑，数字、列表、事实和数据必须要显示出来。

简洁、明了。将信息视觉化要求在讲述前要对内容进行编辑——从你的思想中提炼出最精华的部分。将你的想法安放在一张表格上或者显示屏的显示范围之内，这样既缩短了你说话的时间，还能让听众直击你的想法的核心部分。

提供了参与的机会。只听一个人说会让大家变得很被动，视觉呈现方式解放了听众，也解放了演讲者，独白变成了对话。听众不再依赖演讲者来获取信息了，他们变得更为积极主动，并且能够互相影响彼此。

吸引注意力。视觉信息可以用图像、色彩和多变的设计抓住人们的眼球。它们在一种静态的环境中制造了变化、添加了运动。转向电脑、在黑板上写字、走向投影屏幕、切换幻灯、指出你的观点等等，所有的运动都能增加人们的兴趣。

可靠性。眼见为实。你可以用统计数据、引用、书信和演示来证明你说的话都是真实的，这些为证明你的话提供了客观的证据，打消了人们的怀疑。

强化作用。让听众自己去看可以鼓励和支持独立思考的能力。重复视觉信息可以让听众立刻回想起你想表达的意思，并帮助他们去记忆。通过重复可以强化学习效果，同时它还能帮助那些开始时并没有完全理解的人追上其他人的理解程度。

更易于记忆。视觉信息更容易被记住，而一串串句子就没那么容易了。人们很难精确再现某人说过的话，除非这句话朗朗上口。但是，人们更容易记住所看到的内容。

添加一些情绪和冲击力。视觉图像能够以一种完全不同于语言的方式，深深地影响我们的情绪。谁会忘记世贸大楼被飞机撞毁的情景？抑或是海啸过后的惨状？我们会本能地做出反应，不需要别人的解释和说明，这就是视觉方式进行交流的真正力量和潜能。

简化复杂的事实和想法。当你用图表来表示原因和结果、各个观点间的关系时，所有的想法全部都变得如此的清晰。图表让你能够在任何一点上中断演讲，你可以在这个时候补充说明、回答问题，但绝不会失去任何一位听众。在图表上，你的想法的每一个部分都是可见的，图表显示了你的整体思路。

产生反差和比较。要教会或让别人相信某件事情，这是最快的一种方式。你要让别人相信你的点子要比他们现在用的好很多，用长篇大论说服的效果不会很好，而同时将两者的信息列出来，问题便迎刃而解。并排展示两种观点、两种思想或事实，一言不发便能说服你的听众。

你提出要对工作上的某些部分做出调整改变，如果你能将公司的现状和竞争对手进行比较，你便可以在最短的时间里获得上司的认同。

举个例子：你所在的公司建立了一个网站，但是并没有产生预期的效果，而你的竞争对手却是一帆风顺。为了说明哪些地方需要改进，你可以展示双方的网站，做出分析，并通过这张表说明哪些部分需要改进。

人们通过自己的观察就可以发现这两者间的区别，分辨出它们的优劣，从而能够立刻得出自己的结论。然后，你可以说出你为了改变这种局面而准备的具体计划，用图表来组织你的计划。

现在让我们来试试不用对比图表，只用一张嘴是如何来讲道理的：

"大家都知道，××公司已经领先我们一步了。他们的网站用户界面很友好，顾客进入他们的网站后，很清楚接下来该做什么。当人们搜索网页时，输入许多不同的关键词都可以搜到××公司。从他们的网站还可以链接到其他的市场资源。"

接下来你开始说明你们公司的状况：

"而我们的公司网站，在主页上找不到一行清楚的指示信息。并且搜索网页时出现的总是××公司的名字，而不是我们的。

还有，我们看起来没能得到将网站链接到其他市场的机会。这就意味着他们在销售上已经远远地把我们抛在后面了。我们应该有所动作了。"

如果你将图表拿到对方面前，图表中的反差和比较就已经有足够的说服力了。

×× 公司的网站	我们公司的网站
1.5 秒钟之内就能吸引住顾客	1. 在主页上没有明显的标识
2. 精华搜索	2. 在搜索引擎中排在第 6 位
3. 有许多市场资源的链接	3. 只有网站内部链接

你认为哪种呈现方式更为迅速、有效、有冲击力却不会带来太大的压力？视觉方式很直观、一目了然，其含义不言自明。而严谨的语言表达方式只能靠你的词汇和鼓吹来说服别人。

现在你应该相信"视觉化的演说"方式的神奇效果了吧。接下来我们将学习将信息视觉化的具体方法。

将信息视觉化

1. 看和听
哪些种类的信息需要用视觉方式来表现？
哪些用语言表现就足够了？

哪些需要运用这两种方式来表现？

答案是什么？这要看信息的主题内容、你的目标和你寻求的具体效果。

（1）哪一类主题需要视觉支持？

我们大脑的左半球——系统性强，擅长数据采集和列表编制，以事实为导向——它需要视觉的支持。它需要具体的图像以及明白无误、没有歧义的信息，这样才能在研究、强化和说明的时候保持信息在时间上的一致。

需要视觉支持的对象包括：

数字、事实、举例、引证、列表、趋势——如果不是亲眼所见大家很难记住这些信息。

只有你知道的独家数据和图像。

大家都知道的数据，但是从未在这种场合下进行展示或者从未以这种解说方式进行展示。

需要从客观数据或其他来源中获取证据和支持以保证其可靠性的信息。

年代信息，比如说时间线，这类信息会慢慢地增加和聚积。

一些在你的谈话中不时会提到的、需要记忆的材料。

反差和比较。

（2）哪一类主题只需要口述？

如果演讲内容中没有出现容易被弄错的数字信息，仅用口头叙述就已经足够了。为了传达信息，给听众一些只能在他们心中形成的画面，你的语言、姿势和语调上的微妙变化才是表达的最佳方式。如果你要求的结果不仅仅是人们获得了事实和数据，而是让人们产生个人化、情绪化的反应，那么你必须运用语言来制造视像。

以下是只需要口述的内容和情形的举例：

叙事性和戏剧性的材料。

和某个人有关的信息，比如说你的故事或者其他人的经历。

展现自我，让别人了解工作中的你；申请一份工作；要求加薪或者竞选公职。

激发斗志，激发他人的灵感和兴趣，获得别人对你的信任。

激发人们的想象力。

通过一般的经验而不是客观规律来说服他人。

和听众进行交流，你要把自己当成一个信息的来源呈现给听众——一个有个性、有血有肉、有思想的人。如果要让听众接受你，你必须真诚地与听众交谈。你传达的信息依然是视觉化的，而且只有你才能提供这些画面。

（3）哪一类主题两者都需要？

有时你还需要将语言和图像的材料结合起来使用。

你可能会需要用呈现大量资料的方法来表示逻辑关系和事实，或者说明你提出的新系统、新产品或新观点。

但是，要达成你最终的目的——完成交易、成功推销、承诺尝试新事物——你必须改变方式，将其升华到更个性化、情绪化的思维层面上。

现在是撤掉图表的时候了。

关闭演示软件，或者索性关闭电脑。

向前走几步，靠近你的听众，然后在桌子的一旁坐下。

身体向前倾，环顾房间里的每一个人，和他们做一些眼神交流。

接着，就开始畅所欲言吧，这是一种人与人之间的交流，充满了专注、热情和亲切。

2. 在信息上打上你的个人印记

成功的交流意味着让别人注意到你的存在，展示你独特的工作方式和得出结论的方法。

你应该以一名创作者的形象出现在别人的面前，而不仅仅是一个信息的提供者。无论如何你都需要找到一种方法，不光让别人了解你所传递的信息，还要了解你这个人，也就是说，你要让人们记住的是一个人，而不只是一段话。

（1）公司内部

告诉他们，为了制订这份计划，你都经历了哪些情形：研究、疑惑、磕磕绊绊直到走上正轨。

回到你要展示的信息上，证明你对他们的重视：你在这份报告中提供了哪些支持措施以帮助他们理解新的想法。

如果你是领导，告诉他们你为什么坚持要实施这份计划。

结束时要向他们投以信任的目光，让他们明白计划实施的成功与否最终还得靠大家的共同努力。

（2）局外人推销产品或服务。

告诉对方你非常清楚某项工作的困难程度。

向对方解释你将以什么方法为他们带来支持和帮助。

举例说明，比如说你在其他公司是如何获得成功的。

结束谈话时告诉对方，虽然你随身带来的材料可以帮助你回答许多问题，但是你现在可以现场解答对方提出的任何问题。

只有通过拉近双方的"距离"才能让对方记住你：放松你的身体，形成一种自然的交谈姿势，看着对方的眼睛，让你的声音变得低沉、柔和。坦诚、直率地面对面交谈，没有幻灯片，没有任何看得见的材料。

3. 可以随身携带的材料

尽管在你展示的时候大家激情四溢，但是你每说一遍，只能有一部分的信息被别人所接受。在人们能够理解所有的信息之前，总需要时间去反复地思考。

因此，一定要留一份材料给他们。在你走后，他们就能够通过翻阅材料来理解你谈话的内容了。这份材料还为对方游说上级提供了支持。

制作若干份材料带在身边是非常有必要的，它可以在你无法到现场为产品推销的时候图文并茂地介绍你的想法和创意。

在介绍你的基本构思时，一定要告诉对方待会儿有材料要留给他们。这些材料是对你的谈话内容的支持和补充，增加了许多细节，还提供了许多参考文献作为后续的证据。

这么做可以让你的听众感到安心，他们可以放松下来，把更多的精力集中在你现场的展示上，因为他们知道自己并不需要记住每个细节。你的材料一定要图文并茂，而且必须经过精心的编辑。

在你发言的时候分发材料可能会让你失去大量的听众，因为也许有人会提前阅读你发的材料，便不会太在意你的存在了。出于这个原因，你需要谨慎考虑分发材料的时间。

材料中可以包含的内容：

你为这次会面准备的产品、服务、构想的简单概述。

你在会面中的发言或演示内容的副本，目的是为了强化。

你希望他们记住的基本要点。

支持你谈话内容的证据。

在你演讲的过程中没有引入的其他有效信息：背景材料、文章、前几次报告。

一些表明你或其他人的工作成果的证明和例子。

引用公司内部或外部的人所说的话。

如果这是一次公司内部会议，你还可以把执行总裁或高级行政主管的备忘录收录其中。

来自顾客的信件和积极反馈。

关于你本人的附加信息。如果你是在推销自己，或者你面对的是一个没有人认识你的新团体，这部分信息还是很有用的。一份精致的简历效果就很不错：简短的自我介绍、个人经历、过去获得的成就和奖励，以及客户名单等。

当然，材料里最好不要包含太多的信息，要不然，厚厚的一大沓，没有几个人有耐心看完！上面列举的只是一份供你挑选的菜单，你可以从中挑选你需要的！

你的谈话内容中最难理解的部分是什么？哪些资料既是你拥有的，同时又是他们需要的，而且是最能支持你的立场的？记住这两点，也就不难制作你的材料了。

如何设计可视化信息

1. 前期准备

为了更好地将内容可视化，第一步，你必须将你的主题内容编辑浓缩成最基本、最核心的几个要点，只有完成了这一步，你才能选择将哪一部分视觉化，以何种方式将它们呈现出来。问你自己几个问题：

我想传达的 3 个基本事实是什么？

听众需要哪些信息才能做出决定？

还有什么信息可以让我的发言更具说服力、更有权威性？

只有在这种深入地自我反省和思考之后，你才会知道哪一种视觉形式最能表现你要表达的内容。

2. 形式可以很简单

不要以为你必须把你所呈现的内容弄得很复杂、很正式。越大并不总是意味着越好，而更贵也不总是代表更多。

你的听众中都有哪些人？

他们已经看腻了什么样的内容？

要想更具原创性，让内容更丰富，你还应该做些什么？

在很多情况下，最佳的视觉风格就是简单和随意——你站在人们面前，嘴里滔滔不绝，而你的手，随心所欲地在黑板上涂画着。你首先要考虑的是你传递的信息有多复杂，你需要传授的知识有多少，你希望给人们留下的印象是怎样的。不要总想着怎样才能一鸣惊人。

3. 选择媒介

我们已经接触了许多形式的媒介，对它们已经形成了条件反射一样的反应，而在今后，我们还将接触更多的媒介。你希望为听众创造什么样的视觉效果？对他们来说，你究竟是怎样的一个人，而你选定的媒介如何才能表现出你的特点来？

你希望给人留下何种印象？

有人情味、随意洒脱、即兴发言？不假思索地绘出一幅图，这就可以达到你的要求。

专业、有水准、最高级别？这个时候，你需要的是事先准备过的图形，一气呵成、美观、设计精巧，同时还需非常精细复杂。

你在寻求什么？

人们的情绪反应？图片和小电影可以为你做到这点。

抓住人们的注意力，让听众大吃一惊？在现场做演示，或者邀请现场的嘉宾现身说法，或者和听众一起做一些互动式、体验式的活动。

选择适合你的媒介要考虑以下因素：

考虑所有的视觉手段。

你对哪种手段最为满意？

你擅长运用这种手段独立制作、独立设计吗？水平有多高？

如果需要帮助，需要什么程度的帮助？

制作出你想要的效果需要耗费多少时间？

你有多少时间？

4. 基本的设计原理

（1）好的设计可以扭转局势

我们应该重视图像的质量和设计，它们的确具有很高的实际价值。现在的听众在图像、画面上都非常挑剔。因此，仅仅用幻灯片软件，白纸上面写黑字或者"砰"地弹出一张图表这类过于简单的形式在今天已经没有了当年的震撼作用。你要学习一些真正意义上的设计理念，从而可以按照你所希望的那样起到解释、美化和震撼的效果。

（2）除了文字，更要有图像和图标

图像的存在不只是为了简单地重复你说过的话。只要有可能，就尽可能用图像或图标来表明你的观点，它们要比文字有趣得多，更能吸引人们的注意力。它们更容易记忆，也更适宜重

复，同时往你的想法中加入了情绪和力度。给你的材料增加插图，不要只是满足于用文字重述你的观点。

（3）控制住你的信息量

在咨询工作中碰到许多类型的错误，最严重的一种就是一次呈现包含了过多内容的视觉信息。如果你将所有的内容公布，人们不仅会看，而且会以比你发言速度高 20 倍的速度看完所有的内容。

结果呢，你失去了对听众以及信息的控制，这些信息本该由你来传递的。当你还在解释屏幕的左上角的内容时，有些听众已经把你呈现出来的内容全都浏览过了，他们会对你想要表达的意思做出自己的判断，完全不会去注意你对材料的解释。

正确的方法：分次弹出标题；控制每次呈现的信息量；将内容制作成动画，这样每次就只能显示一条信息；只有在你发言结束时，观众才可以看见所有的信息。

显示标题 1 ，然后开始围绕这个标题演讲。

点击鼠标弹出标题 2 ，演讲。

如此往复，直到所有的标题都出现在屏幕上。

你的听众获取到的信息只能是你针对每个标题所谈的内容，而不会是所有的标题同时出现。

（4）引人注目的设计

首先呈现的一定是你的主题，接着听众希望看到你的内容提纲，从而了解你的演讲内容的结构。

不要浪费标题。标题之间要环环相扣，标题不仅要涵盖主题，还要对特定的观点或图表进行提示。

要对重要的观点进行概括，并独立呈现，最大限度地触动听众的神经。

要让你的信息本身包含许多不言自明的成分，充分开发听众的独立性。

（5）新颖的设计

幻灯片软件已经给用户提供了许多现成的格式，这就导致几乎每个人都在使用相同的格式。所以，你要设计一些原创性的格式，创造出属于你的自有风格。人们希望看到变化，不仅是为了新鲜感，更是因为程序式重复的格式太没有创意，无法激起他们的兴趣，严重时还会使人们对你的主题内容产生误解。所以，你应该以 PowerPoint 软件提供的格式为基础，进行原创性的改造。

演讲中每个主题的格式和颜色搭配也不应该相同。你演讲的每个方面涉及的都是不同的问题，而不同的主题可以引起听众不同水平的反应。你从一个主题转入下一个主题时，在你使用的格式的核心框架内改变幻灯片的背景和颜色，这可以在视觉上提醒听众你已经变换了话题，又能够重新提起他们对演讲内容的兴趣。给不同的主题加上不同的颜色就好像翻开书本新的一页，总能重新引起人们对你的关注。

5. 让听众目不转睛

也许你拥有制作水平很高的视觉材料，但是，如果你不知道如何将它们呈现给听众才能获得最好的效果，那就是浪费。

你要把这些视觉材料变成你演讲的延伸，它们的作用是帮助你解释和强调你的观点。无论你使用哪种媒介，一定要掌握好它，只有这样用起来才会舒适、自如。

（1）用视觉辅助听觉

我们的行为完全由自己来控制，但是听什么却由不得我们来决定。如果你有材料要让听众看，他们的角色会立刻发生转变，变得更积极，他们不再依赖你说的话。这时你一定要记住：不要让视觉材料霸占了你的舞台和听众的注意力。你将它们创造出来是为了帮助你，而不是和你竞争的。

（2）制造神秘感

吊足他们的胃口。在画面出现之前先告诉听众你接下来要谈论的话题，以及谈论它的理由："下面这张图表，当你看到这上面显示出来的趋势时一定会感到十分意外。"一旦你揭开了这层面纱，所有的神秘便灰飞烟灭了，你也就失去了这次制造神秘感的机会。而当他们知道了画面的内容，他们所有的注意力都集中在刚刚呈现的材料上，就没人会听你发言了。所以，为了激起他们的兴趣，在你打开这幅画面之前一定要告诉他们，为什么要关注下面这个观点，接下来的内容可以帮助大家解决怎样的疑问。

（3）让画面开始说话

视觉化的信息是非常具有说服力的，它们用无声的语言向人们传达着各种信息，所以，让你的画面做好它们的本职工作吧。

先对它进行说明，这样你的听众就知道他们应该关注哪些信息，为什么关注。现在，停止说话，同时呈现画面，静静地等听众看完画面上的内容。接下来，你便可以在这幅新鲜感十足的画面的基础上继续发表你的看法。让你的画面去抢滩人们的思维。

（4）词汇表

如果你的发言包含有听众非常陌生的科技、金融、契约、管理术语，请制作一份词汇表作为参考资料。在黑板上画一张表格，当某个术语或陌生词汇第一次在演讲中出现时，将它的定义或解释用简短有趣的话表达出来，并写在表格中。

你也可以事先把词汇表准备好，谈到一个，显示一个，这就给了听众更大的自由，他们可以根据自己的情况选择看或不看。他们可以一直听你发言，而你则不需要一直为他们解释。

（5）增强视觉效果

如果你将要传达的是一则惊人的消息或者是一个戏剧化的事例，运用你的嗓音，告诉听众有事情要发生了。在你呈现滚动标题的同时改变说话的节奏和语速，让听众意识到将要有意想不到的事情发生，或者答案即将揭晓了。你的说话方式和呈现信息时的速度变化都能够让听众形成对接下来发生的事情的预测。

（6）引导听众

你要和不断显现的标题形成互动。通过标题来引导听众，指挥他们的目光和思维，告诉他们看哪儿、想什么、比较什么。让听众把注意力转到屏幕上，看你正在展示的部分，用鼠标指着值得注意的特别之处，让听众的眼睛跟着你的话语走。你在讲台上再也不会"隐身"了，而且在挨个儿跳出的标题的带动下，你变得更加积极、投入了。

（7）告诉他们应该做什么

牵住听众的视线："请特别留意第四个标题，这是这个领域里最新的研究成果。""观察蓝色的部分，这是去年的数据，仔细将它和今年的数据进行比较。"

这样做会让你拥有对听众的控制力，这种力量之强大令你自己也惊诧不已。你掌控着整个局面——这么说一点儿都不夸张，因为你占据着麦克风或者讲台，台下的人都要按照你的指令去做。

（8）不要让听众把精力都放在印刷品上

发言过程中不要分发任何材料，否则你将会失去听众！

他们的阅读速度比你的说话速度快得多。

他们很快就会超过你，而且到处都是纸张翻动的声音。所有人都在寻找自己感兴趣的内容，而你也许还在第一页上转悠。

你丧失了作为一个主要的信息提供者和启发者应有的地位和权力。

既然你已经与听众培养了和谐融洽的关系，为什么还要让出你的中心舞台，让每个人自己获取信息呢？他们真正需要的并不是这种形式，他们需要和你一起看着屏幕听你说，从你那儿获取信息。

人们也许希望用这些印刷品来记笔记，这种情况也是存在的。不过，你不是对你的听众有很强的支配能力吗——这种情况不在话下。你可以试着提供一些用来记笔记的便笺纸、铅笔或钢笔。你的标题前的序号必须清晰可见，而且要提醒他们注意顺序，只有这样他们才能在拿到印刷材料时将他们的笔记和相应的材料对应起来。如果你不得不屈服于这些印刷品，你可以故意做出一些别出心裁的事情，再多说点题外话，这样就能让他们偶尔瞟上你一眼。

6. 色彩的运用

色彩无处不在。但是，色彩并不只是一种随意的装饰元素，也不只是为了好看，它承载着属于它自己的信息，能够引起我们的反应。因此，颜色能够影响和改变我们从信息中所获取的内容。它无疑是一种宝贵、强大的视觉表达方式。

不过很多商业人士并未认识到色彩的重要性，他们在制作视觉元素的时候从未将色彩作为一种可利用的元素添加到设计之中。人们在冰冷的事实信息前的反应和看的方式会由于色彩的出现而变得多种多样。色彩让我们感受到了：热烈和激情、气氛、强烈的反差和对比、兴趣、多样性、喜悦、兴奋、积极或消极的反应……

（1）黑白画面的效果

白色背景上密密麻麻的黑字剥夺了文字信息影响我们情绪的能力。但是，习惯决定了公司和个人都会继续使用白底上面印黑字的模式，而不会去尝试彩色的背景和文字。

既然白纸黑字已经变得如此的普遍，那么白和黑便没有任何含义，也就无法传递任何信息。

虽然在服装和室内装饰中，黑与白具有戏剧化的效果，但是当文字出现在背景中时，它们就像是在说："这是事实。""这儿有一列数字。""这是主题。"而这是好是坏，其内容能让人警醒还是令人吃惊的，它的主题是严肃的、戏剧性的还是意料不到的，都是未知数。除非你的设计别具一格，否则白纸黑字就等于在宣布材料的内容已经"过时"了。想一想你最后一次看黑白电影是什么时候？黑白电视呢？

（2）色彩是如何影响我们的

在通过理智做出决定之前，所有的决定都是根据本能和情绪做出的，这就是色彩有用武之地的原因。

色彩确立了基本的氛围。你的听众或多或少能感受到或有所警觉。研究表明，用鲜艳的、经常更换的水粉画装饰的幼儿园中的孩子更加机灵，而生活在没有或只有一点儿颜色变化的昏暗房间里的孩子明显不够活泼。由此可见，色彩和我们的天性以及情绪反应有着与生俱来的内在联系。

色彩能够让人们在天性和自己的生活经历基础上产生丰富的联想和想象，从而影响到我们的情绪。画面中的色彩对你的听众有着独一无二的影响和意义。

我们每个人都有自己喜欢的颜色：我们对颜色的好恶会在选

择汽车、室内装饰和服饰的颜色时表现出来。另外，由于文化的适应，我们对个别色彩和色彩搭配的反应是可以预测的，而且有统一的趋势。接下来我只对一些基本概念作简要的介绍，以此来说明视觉材料中颜色是如何引起人们对信息的情绪反应的。

三原色分别是红、蓝、黄。按照色彩原理，红色、蓝色、黄色和绿色能够激起我们最为强烈，也是最直接、最真实的反应。

红色和蓝色是肯定的颜色，最显眼，也最吸引人。

红色是充满激情的颜色，它让人兴奋、引人注目。它象征能量、温暖、生命、奢华和狂热，极其情绪化，是非常强烈的色彩。此外，我们还要意识到它的文化内涵：在有些时候，红色还意味着警告和危险（中止信号、消防车、医院中的警示标志）。它还让我们联想到血。数字是红色的，代表的是损失和债务。由于红色是一种"警告"色，而且视觉冲击力很强，所以应该谨慎使用，可以作为强调色少量使用，不可以作为背景色。

蓝色是平静的，无穷无尽。想一想天空和海洋。它还是一种非常冷静、理性的颜色，象征平和与宁静，能够稳定人的情绪。它能够让人联想到幽远、智慧、信任和奉献。深蓝色象征着坚忍不拔、忠心耿耿。

蓝色引起了与红色完全相反的反应。因为蓝色可以放松人的神经系统，所以人们能够更加冷静地思考。更暗的色调会让人觉得寒冷和沉闷。想一想你的材料：冷静的蓝色是你的最佳选择吗？你还需要其他什么颜色才能让你的演讲更轻快、更具有煽动性，从而让听众产生更加情绪化的反应？

绿色是大自然中最旺盛的颜色。你的身边到处都是树木、青草、春天。它还有许多象征意义：生命、青春、复苏、希望、活力。绿色比蓝色更能调动人们的感情，它代表了健康、成长和积极的态度。

绿色是最让眼睛感到舒适、放松的颜色，它可以使文字看起来更轻松。绿色也是一种具有镇静作用、让人倍感舒适的颜色，所以就有了供演员或主持人在上台表演或录制节目前休息的"绿房间"。

心理学家报告称，人们对产品或服务的接受或拒绝，60%可以用人们对色彩的印象来解释。而且，请记住，既然我们的商业活动可能会遍及全球各地，那么不仅在某时某地要意识到这点，在其他文化中，这一点也应该引起我们足够的重视。你展示的画面，包括颜色和设计，都要和它们所针对的文化相协调，这样才能真正帮助人们理解你的信息。

什么内容能引起听众的注意

能够促使人们集中精力去听的基本激发因素共有 3 个。

有什么信息是我需要的？

说话的是什么人？

说话的方式是什么？

为了让你充分了解这 3 个因素的实际意义，先让我们把目光转到你自己身上：一般情况下，是什么驱使你去做一件事情的？

1. 有什么信息是我需要的

你在做事情的时候拥有什么样的基本动机？谁打来的电话你会回应？周末你是如何安排的？你想和谁一起共进午餐？

你所做的每一个决定都会在最大限度上满足自己的需求。"我确有此意吗？我能从中获益吗？这对我有好处吗？对我有帮助吗？它对我很重要或者它能让我感到快乐吗？我、我、我，没有一件事不是为了我！"

你可以在自己身上验证这一点：

读报纸的时候：你首先读哪些版面，为什么？是什么让你跳过了头条，是什么让你直接跳到最后一页？它不是"我想了解的内容""咦，这部分对我的工作很有帮助"或者"可以让我更漂亮""让我更健康"等。

你如何安排你的周末？即便你去了一个你并不想去的地方，这种行为实际上也来源于你潜意识里做出的决定。

工作的时候，你会回谁的电话，是立刻就回还是过一段时间再回？你会阅读谁发来的电子邮件？你会把什么样的任务放在第一位？这些都跟你的个人利益息息相关。

所以，要想成为一名具有说服力的演讲者，你要迈出的第一步就是：要让别人对你的需求感兴趣。而这要求你必须首先对他们的需求产生兴趣。

（1）如何发现别人的个人利益。你要做的就是密切地关注。无论面对着你的是一个人还是一群人，只要开始说话，你就要把注意力完全放在潜在听众身上——并回答他们心中的疑问："我能从他的谈话中获得多少有用的信息？"

听众有他们的目标、需求和期待，要理解他们心中的这些想法，首先要知道我们之间有多少共同点。

（2）你已经知道的。我们每天的生活也许没有什么互通之处，但说到工作——不管你在公司中有多高的地位——只要你发现我们竟然拥有的工作目标是如此的相似，你肯定会感到惊讶的。下面就让我们细细道来。

无论是谁，每个人都希望：

感到自己是安全的。

感到自己在工作上很具实力，工作效率很高，并且每时每刻都在工作，有一种充实感。

学习一些新的技能让工作轻松又高效。

知道与他人和睦相处的秘诀。

如果你在说话时能将这些大家所共有的目标考虑在内，或者明确地告诉大家你传达的信息能够帮助他们达成某种目标，那么你的演讲或所提的要求便更容易被大家接受，并且更具说服力。

（3）了解和你的工作有关的听众。通过上面的论述，你已经知道人们在工作时会追求哪些个人利益。再看看你们在工作中具有哪些共同特点。

如何说别人才爱听，怎么听别人才会说

你们处在同一种工作氛围当中。

你熟悉解决问题的技巧和可能会碰到的问题。

你会一直和同一群人打交道，你对他们的习惯了如指掌。

你对公司的业务和你的部门所面临的新问题有清醒的认识。

想想看，为了激发和你在一起工作的人听你说话的兴趣，你有多少已知的、可以利用的信息？

要让你的听众知道，一定要事先让他们知道，你说的话里有他们想要的、关注的、期望的内容，可能是一些信息，或者是一些建议，总之他们会有收获。这就是驱使他们听你说话的第一步，是听众对你的信息产生关注的动力。

你应该注意：很直接地跟他们说"这对你会有好处的"或者"你应该这么做"起不到任何效果。你可以反过来问自己，这种命令式的口吻对你有没有起过作用？健康饮食？坚持锻炼？认真学习？还是让你打一个会使你十分不愉快的电话？

接下来是让人们倾听的第二个激发因素。

2. 说话的是什么人

当你开始留心听别人讲话时，你便把你的控制权移交给了别人。尽管这只是暂时的，而且你的内心还在和演讲者进行着激烈的争辩，但是，作为一名听众，你已基本失去了对自己的控制，已完全受制于人。

只把自己的注意力放在某个人的身上绝非你的意愿，所以说注意力的获得非常来之不易，不是说集中就能集中的。

因此，如果你是说话的那个人，你的听众有必要知道你是谁。你必须把自己当作一个活生生的人，而不仅仅是个传递信息的工具，要以一种正确的态度将自己和他们联系起来。人们总是希望说话的是他们喜欢、信任、尊敬、崇拜、赏识以及感觉很好的人，而且会把这样的人当作伙伴。

我们对不同的人会产生不同的感受，以下便是其中的一些感受。

（1）信任

很长时间以来，我们总是对陌生人存有戒心，在和他们交往之前总会自觉不自觉地猜测他们的意图。

先说说敬礼。右臂抬起，右手打开置于眼睛上方——你有没有考虑过这个姿势的由来，它有什么特殊的含义吗？

敬礼起源于古代，那时的士兵穿着厚重的盔甲，他们为了表明自己的身份是友军而非敌军，通常会空出右手拨开头盔上的面盔，把自己的脸露出来。而且，之所以用右手是因为一般情况下右手是人的优势手，右手中没有武器也就代表了他们是没有敌意的。即使到了现在，我们依然保持着这个传统。碰到陌生人，我们会和他握手（右手），同时进行目光的接触。而且我们会在心中猜测："这个人是谁？到目前为止，我知道了什么？"

因此，不管我们是否露出面部、知道暗号、讲着行话、穿着得体，人们的第一印象总是和信任有关："我觉得你是怎样的一个人？我相信你已经到了我可以坐下来听你把话说完的程度吗？"

但是，仅仅有信任还是不够的。

（2）欣赏

你一定听过演讲吧，有没有注意过主持人是如何介绍演讲者的呢？他们总是不厌其烦，一遍又一遍地重复即将出场的演讲者的背景资料——头衔，受过什么教育，获得过多少荣誉，有怎样的工作经验，写过多少本书等等，为什么要告诉听众这些？通俗地说，就是吊足了听众的胃口："这次演讲肯定内容丰富，绝不会有空洞之感，所以请竖起你们的耳朵，演讲将会很精彩！"

演讲者最好能在演讲一开始就表现出其渊博的知识——演讲者不仅在听众感兴趣的话题上旁征博引、滔滔不绝，而且对整个演讲的主题都有极其深刻且广博的见解，唯有如此才能让听众感到不虚此行。

这个说话的人可能是在做演讲，也可能是到某个办公室里去推销产品，或者只是一次会议上的例行讲话，无论目的和形式是什么，演讲者都需要让听众相信他讲出来的内容是真实可信的，至少要让听众这么以为，这是最基本的要求。

不过这才是让别人成为你的听众的最低要求。真正的考验才刚刚开始，你要让他们成为心甘情愿的听众，这是你无法掌控的，因为每个人的判断标准都不尽相同。

（3）迷人、坦率、包容。

我们生来就需要和说话者建立某种联系。我们不停地寻找和我们意气相投的人，同时对和我们交谈的每个人的个人品质都有所期待。这是让人们侧耳倾听的强有力的动因。大多数人首先会去感觉而不是思考，我们喜欢、信任、相信和注意到一个人完全是因为我们的感受和直觉做出这样的指示。

下意识里我们会问：

"你离开这儿回到家中，会变成怎样的一个人呢？"

面对的如果是强势人物："你是不是那种和我有着共同的生命感悟的人——有谁关心过我的问题？又有谁曾经经历过这些问题？他们曾被父母高声呵斥过吗？他们失败过，受到过惊吓吗？"

如果是地位相仿、年龄相似的人："你到底有多少过人之处？你是否有自信？你能够接受别人的观点吗？你还对什么感兴趣？"

在这些问题中，我们寻找的是可辨识的个人特征，我们希望不仅依据智力的高低来判断一个人，而且能有一个直观的人性尺度，用它来衡量我们喜欢的个性类型。

然而，很多时候个人的特质很难表现出来。

只要你还说话，便有一个固有的问题挥之不去，在正式场合作演讲的时候这个问题显得尤为突出——你会给听众留下一种难以接近的印象：

你高高在上，坐在讲台后或者站在我们前面。

你的听众坐在下面或者聚在你的身前。

你是主动的，而听众是被动的。

你是权威人士，只身一人；我们是无名小辈，一个群体。

你拿着麦克风，大家都能听见你说话；听众只能窃窃私语或默不作声。

无论你多么想和听众打成一片，无论你多么希望给他们留下深刻的印象，你的这些举动给人的信号就是距离感。

假设你就是那个说话的人，如果你给人的印象是冷漠、形式化、高傲、强势、目空一切，结果会怎样？你面前的这群人是你诉说的对象，你希望他们拿出时间和精力来听你演说，而你的这种表现会在他们中造成怎样的反响，你应该很清楚吧？无论是在员工会议上，还是一对一的交流中，或者面对着一群听众，不知你是否注意到了，你说教式的演讲和高高在上的优越感已经让你处于孤立无援的境地了。你觉得这种演讲风格能够激发听众听的兴趣吗？

决定听众是否会关注某个演讲者的另一个期待因素便是听众对他的感觉，听众是不是很喜欢这个人。

（4）个人风格

一些人的某种品质一经展现，便能立刻抓住你的心，使得你总想能和他在一起多待一些时间。想想看，无论是在正式的演讲会上，还是在大家可以随意交流的酒会上，什么样的品质一出现就会让你产生这种冲动呢？

两张列表中列出了一些典型的说话风格，你可以快速对比一下这两张表格。你看到这些词的时候产生了什么样的感觉？你想象到了什么？和哪种风格的人在一起你更容易投入？你会听谁说话，又会对谁置之不理？

列表 1		列表 2	
热情	诚实	夸夸其谈	言辞含糊
友好	令人兴奋	平铺直叙	故弄玄虚、把问
风趣	知识渊博		题搞复杂
说话有条理	想象力丰富	自感高人一等	情绪紧张
自信	极具鼓动性	拘谨、刻板	偏离正题
大方	真实可信	一本正经	单调得令人生厌
不拘小节	幽默	情绪激动	闭目塞听

　　由于个性的不同，在面对具有各种特点的演讲者时，你们偏爱或厌恶的程度也会各不相同。不过有一点我想大家的感受还是比较统一的，那就是列表 1 要比列表 2 更具吸引力。

　　你是否想过这个问题，为什么你特别喜欢具有某些风格特质的演讲者，而对其他类型的却毫无感觉？

　　为了让你更多地表现出作为一名演讲者积极、迷人的一面（同时也为了帮助你改掉那些消极负面的习惯），让我们一起来针对这些特质稍作分析。在你看这部分内容的时候，想想你的身上具有哪些基本风格、习惯哪些演讲方式，并思考它们对你身上的其他特征有怎样的影响。

　　3. 吸引听众的演讲风格及其原因

　　要克服我们的拘谨，击退心中的邪念很困难。列表 1 中出现的那些品质拥有如此巨大的效应的原因如下。

　　热情、友好、大方、诚实的演讲者使我们感觉自在、毫不拘束。他们的这些品质会在无形中拉近我们和演讲者间的距离，让我们感到放松，并敢于直接、坦诚地表达自己的意见。和我们很多人谨慎的行事方式相比，拥有这些特点的人更容易被他人接受，在这类人面前，人们会觉得惬意和安心。

令人兴奋、说话风趣、想象力丰富的演讲者给我们带来了欢乐，我们永远猜不到他们接下来会有什么惊人之举，这让我们深深地陷入了期待和好奇的旋涡。

知识渊博、自信的演讲者让人镇定。很明显，演讲者为了这次演讲做足了功课，我们会带着信任去听他说的每一句话，我们相信只要去听了就一定会有收获。

说话有条理的演讲者极大地满足了人的大脑对秩序和逻辑的需要。当材料以容易理解和识记的形式组织起来的时候，更容易被大家接受。我们很想了解深埋于语言文字下面的内在结构和顺序，这种需要在当今这个科技世界中显得愈发强烈。

真实可信的演讲者的每一句话都代表了他们的真实意思。一位诚实的、用心去演讲的人是不会耍什么阴谋诡计的，更不可能怀揣不可告人的动机。

极具鼓动性的演讲者是天生的领导者，而他们的这种特质刚好迎合了人们追随领袖的内在愿望，也是对听众希望从他人的激情和创新中获得动力的最大满足。

不拘小节的演讲者在非正式交流时更能凸显出他们的特色：没有演讲式的言辞，没有长篇大论，也没有命令式的口吻。他们说出来的话非常短小精悍、容易消化，让听众感到十分轻松和惬意。

只在开场白中讲一个笑话，而在这之后却再也没有丝毫幽默感出现，这样的表演我们不能称之为幽默。幽默不是每个人都能做到的，你必须意识到这一点，而且最好不要刻意尝试让自己变得幽默。如果你的幽默感是天生的，而且有自己的合理的幽默尺度，那么，请尽情施展你的幽默本能吧！

4.无法吸引听众的演讲风格及其原因

列表2中的诸多品质有一个共同点，那就是：它们的出现都让我们感到非常不快。虽说没有一个人希望听众在听他说话时感到不快或者对他的演讲感到不屑，但是那些在说话时总是若有心事，或者试图用专业知识来掩饰自己的空洞的演讲者只会给人们留下不好的印象。你可能会发现自己在演讲时所陷入的状态和下面的描述有几分相似，那么了解它对演讲的影响可以帮助你认清它的真实面目，刺激你去有意识地改变现状，从而不再让听众对你的演讲感到失望。

拘谨、刻板、一本正经的演讲是指那种只根据既定的套路，而不看具体情况的僵硬的演讲方式。这种演讲者是不会与听众坦诚相见的，他们只是用固定的行为模式把自己包装起来，认为只有这样才能显示出他的尊严和庄重。

闭目塞听、不自然的行为会让人心烦。听众会想这个人是谁？我怎么才能从他的表达中推测出一些内容？

夸夸其谈让演讲者和听众之间的距离越拉越大，这产生了两个问题。第一，听众对演讲者产生反感；第二，听众会对演讲者讲的内容不屑一顾。

　　话语单调的演讲者让本来就不够积极的听众变得更加麻木了。你还记得人们在听他人说话时的本能反应吗？既然听众不会主动地去倾听，那么演讲者就必须花点儿心思让听众的注意力保持专注。要记住，现在只靠听众自己便可以方便、快捷地获取任何信息，听众已经完全控制了这个过程，既然如此，听众为什么还要把时间浪费在一个唠唠叨叨、说话没有重点、毫无层次感、从头到尾都是一个腔调、没有轻重缓急、没有表情变化、没有强调语气的人身上呢，这样的一个人是不能帮助听众获取到有用的信息的！

　　说话时平铺直叙、死气沉沉会让听众精神错乱的！你已经来到了我的生活当中，但是怎么看都不像是想要和我交流的样子，对我是否已经接收到你的信息也是一副无所谓的表情。那么，我为什么要容忍你对我的耳朵肆意妄为呢？既然你的心中都没有全心全意地帮助听众去理解你所要传达信息的急切愿望，你又拿什么来要求听众为你付出宝贵的时间和精力？

　　言辞含糊、故弄玄虚的说话方式会让听众产生焦虑感。听众不喜欢绞尽脑汁却理不清头绪的那种感觉，当说话的人不肯以清楚、简明的方式帮助听众理解的时候，听众便认为他玩弄了我们一直都在付出的专注，不出片刻，听者的注意力便会从演讲中转移出去。

谈话的内容偏离正题，违背了让人们乐于倾听的第一准则——每位听众的个人利益！谁会去听一些跟自己一点儿也没关系的内容呢？

　　做演讲时自恃高人一等是一种极其不尊重听众的表现。如果你是那个在他人面前讲话的人，你知道很多听众不知道的东西，这个时候，你应当摆正自己的位置，心中想的应该是如何和听众一起分享知识，而不是对听众的"无知"大加斥责。

　　那些不够自信、紧张兮兮的演讲者让听众感到很不舒服。其实我们每个人都经历过这样的紧张，我们厌恶这种感觉，当别人身上出现紧张情绪的时候，我们会变得很敏感地觉察到紧张的存在。当然，我们不希望这样的事情再在自己的身上发生。

　　情绪激动的演讲者让听众的头脑处在高速运转的状态。演讲者对他演讲的主题总是充满了热情的，他的情绪在演讲开始时就已经挂了满挡。与此同时，我们这些白纸一样的听众，只能靠双脚紧紧跟着演讲者的思绪。作为演讲者的你，热情是建立在我们和你同处于一个情绪和信息层次的假设基础之上的，但事实并不是你想象的那样，你需要一步一步地把我们领进那扇大门，你逐渐提出你的观点，并辅以一些真实的例子来支撑你的观点，慢慢地我们会和你协同步调，与你同愤慨共激情。要达到如此效果，一定要用我们的思维方式来表述，而不要原封不动地把你的思想搬给我们。

　　以上仅仅是一些最基本的情形，虽然只是我们交流时表现出来的种种复杂的人格特征的简单写照，但是它们让你了解到了在面对不同的演讲风格时听众的反应。我们对演讲者的说话风格和态度的反应完全出自本能，是下意识的行为。此外，我们还会根据演讲者的用词、肢体语言和说话腔调来推断他对我们的意图和态度。

5. 听众以什么方式对你作出判断

他们首先靠直觉来判断说话的这个人，然后才经过大脑，用他们的理智来分析。所以说，听还是不听完全是由感觉来决定的。这种直觉在我们开始学习用理智来思考问题前就已存在了，它是我们和这个世界打交道的第一道防线。

第一步，我们会停下手中的事情，去看、去听。

第二步，我们会思考、去评价。

以上便是我们在开始加工他们传递的信息前要对说话的人作出判断的原因以及感受一个人的方式。

因此，在你抓住听众的兴趣点之后，切入正题之前，记得一定要"拨开掩住你脸孔的头盔"，让听众认识你，了解你的意图。

如果你不这样做，你的听众将替你完成这项任务，他们会在分类中寻找适合你的标签。为了确定讲话人的特征，决定是否值得去听这个人的发言，他们需要这些能够识别的信号，他们会从这个人和他们交流的方式中辨认出这些信号。

注意语言交流和非语言交流

想象一下下面的这个场面。

在你工作的地方，你正沿着走廊走，这时，你发现朋友张春正迎面走来：

你（微笑着走上前去）："嗨，张春，好久不见了。最近过得还好吧？"

张春（后退了一小步，眼睛不往你这边看）："还行，还行。"

你："怎么了？你没事吧？"

张春（手中的文件掉在了地上，他神色慌张地蹲在地上把文件收拢起来，在他站起来的时候，目光从你的身上快速扫过，重心从这只脚移到了另一只脚）："哦，当然，我很好。一切都还不错。"

你："我看你有点心神不宁的样子。"

张春（后退一步，目光最终落在你的身上）："不，没那回事，我一切，哦……都还顺利（眼睛低垂了下去），还行……"

你相信张春的话吗？你认为张春说自己诸事顺利是真的吗？你认为他到底发生了什么事情——被炒了鱿鱼？工作上出了问题？生活上碰到了麻烦？

是什么让你这么去想的？你掌握了什么线索才让你得出这些

疑问的?

回到前面再把那段场景描述读一遍,但是这次不要看括号里的说明性的文字。

言语本身并不能告诉你揭示真相所需的信息,你有没有得出这样的结论?其实,真相来自于张春的非语言行为,他的话却和他的表现背道而驰。如果你关掉声音,只看张春的表情和动作,你获得的信息便更加准确、清晰,不是吗?

而且,不知你是否意识到了,你只是通过想象这些词所构成的场景便得出了以上这些结论。这也是你在说话的时候可以采用的一种视觉手段。你应该善用词汇,要用那些让你的思想更加生动、栩栩如生的词汇,只有用上这些词汇你才能够让你的听众感同身受。

1. 多种信息传递

我们不应一味地接收交流的内容,我们还需要去评价它们,这种初级的心理需要人皆有之。我们每天都要接收到许多讯息,我们不会一个不漏、全盘接受,我们会甄别:"他说的这话是什么意思?""他值得我信任吗?""为什么她会这么说?"

把事物放在上下文中去理解,我们可以发现最丰富的内涵。我们获得的最可信的信息是非语言行为。为什么这样说?

非言语行为是没有经过加工和过滤的,而且是完全无意识的表现。我们甚至不知道我们正在传递这种信号。但是,它给观察者提供了许多信息,比如说,说话者的真实感受。它使观察者不仅仅从说话者口中说出的话分析信息。

让我们再回到和张春的对话中，看看你从他的非语言行为中提取了多少有用的信息？你加工处理、理解这些信息的过程有多快？

身体语言：张春换了几次重心脚，他看起来脚下有点踉跄。他猛地一惊，手中的文件没有拿住散落在地上，随后又匆忙收拾文件。他看起来很难镇静下来，好像是把一件简单的事情搞砸了。

眼神接触：张春不敢正视你，为什么他把自己的视线移开？他看往别处是心有所思的表现。他心里想的是什么呢？他在隐藏什么？

空间关系：你往前，他就后退，他是在回避你。他正试图和你以及你的问题保持一定距离。

说话节奏：张春的语速很快很凌乱，他试图尽快结束这次谈话。词与词之间有很大的停顿，这说明他有点儿分心，心里在想着其他事情。他的话语中夹杂着叹息，这是不是他内心世界的某种外在表露呢？他很失望？很伤心？

再让我们看看张春所说的话。

他说："还行……当然，我很好……一切都还不错，不，没那回事，我一切，哦……都还顺利，还行……"

2. 言辞和身体语言的比较

言辞在我们的交流中是非常基础的成分，而身体语言则是我们使用的更强有力的工具之一。当然，每一种形式的交流都有它自己的作用，不能片面地说哪种更好。不过，非语言行为能够给听众的信息处理方式和与演讲者交流的方式带来很大的震荡。

如何说别人才爱听，怎么听别人才会说

言辞要通过大脑的加工，而身体语言则是人们本能的反应。

言辞是一些特定的符号，需要我们在心里将它们转化成意义。而身体语言仅凭直觉就可以理解，是我们的本能反应，不需要经过大脑的思考。

言辞会自行进行修正，身体语言则是未加修饰、完全自发的。

我们学会说话后不久就开始学习有选择地说话了。我们会过滤和编辑我们的用词，并把这种加工作为自我保护的手段，只有那些看起来合适、安全、不会太过暴露的内容才会被转化成言辞表达出来。言辞受到了大脑有意识的处理，反之，姿势、手势、停顿、叹气和语调都是无意识的行为，它们都是不自觉而为之，说话者根本就无法控制，也因此可以透露人的内心的真实的想法。身体语言与经过加工的言辞有很大的不同，相比之下，当你想知道事情的真相、人们内心的真实感受以及言辞的真实含义的时候，身体语言则会为你的判断提供更加可靠的依据。

每个人的言辞都有自身的特点，而身体语言的规律则是放之四海而皆准的。

即使对于使用着同一种语言的人来说，言辞也是专有性很强的。而人的动作、姿势和手势则是共通的，来自世界任何一个角落的任何一个人都能既快又准地识别出它们的意义。假如说你身处异国，正在尝试让别人理解你的想法，比如你问哪里可以找到某样东西，你会摊开手掌、眉毛高挑；如果你想知道哪里可以就餐，你会用手在嘴边比画几下。当我们看到两个人正在干什么时，他们之间的"冲突"便一目了然。任何一个地方的人都能理解身体语言，这是因为我们拥有着相同的经历，我们的生活中有太多相似的地方、相似的事情发生了。没错，文化差异是广泛存在的，但是无论你来自哪里，一些基本的人类情感还是共通的。

言辞往往丰富但冗余，身体语言却简单而有力。

人们描述和讲述的最终途径必然是言辞，但是你可能会因为简短的话语无法表达出你感受之深切而不得不使用更多的句子，而身体语言却能够非常迅速地唤起我们的"情感"反应。你要花多长时间来确定你的父母已经对你怒火中烧了呢？用你的脑袋去思考——其实应该去尝试做一做有以下含义的表情动作：

"已经 3 点了！不好，我迟到了！"

"已经 3 点了？什么，怎么这么快？"

"已经 3 点了。终于结束了！"

想象一下，如果没有交谈，你必须做多少事情才能让人明白你的意思？

言辞和身体语言共同构成了一段对话。如果它们表达的含义是一致的，那么任何讯息都会因此增强，从而显得更加突出；如果不一致，那它们便表明你正在说两件完全不一样的事。旁观者会忽略掉你的言谈，而把你的身体语言作为不可辩驳的事实来看待。

举个例子，你嘴上说的是"这个季度我们的预期是非常积极的"，然而你却不肯正视听众，咳嗽几下又清了清嗓子，慌乱地翻了翻文件，这一切都向听众传达了一个信息："你正在设法隐瞒接下来将会出现麻烦这一实情。"

斟酌你的言辞

既然言辞在任何形式的交流中都是关键成分，就让我们把目光集中在言辞上，看看有哪些方式可以帮助听众了解你的思想，而又有哪些方式会阻碍他们的理解过程。

由于言辞在意思的表达上是非常精确的，所以在表述时要非常小心，一定要力求精准。当人们懂某种语言的时候，就希望这种语言的言辞表述要尽可能的精确和清晰，不同的人理解同一段话，他们最后不约而同地产生一致的结论是最理想的情形。要让听众能够轻松地加工这些文字，这就是我们所依赖的，我们不希望在说话的时候吞吞吐吐，如果最终还是出现这种我们力图避免的情况，我们便会感到自己非常无能——准确地说，是非常局促不安。

因此，你表达讯息时的用词习惯可能会让你成为一名大受欢迎的演讲者，人们会细细品味你说的每一句话，如沐春风。当然，你的用词习惯同样可能会在几分钟之内让听众失去兴趣，因为你的话晦涩难懂，使人困惑、迷茫。

1. 当听众无法理解你的话时

（1）听众不再听你说话

在听演讲的过程中，听众可能会突然碰到一个词或者一句话无法理解。这时，他们便会急刹车，他们的注意力在瞬间便被瓦解了，同时还失去了由演讲者一手建立起来的思维动势。他们开始在心里一直琢磨着刚才那个"难题"，把他们的语言仓库翻个底朝天，不断寻求可能的正确解释：

"看起来好像是……"

"从上下文看，它可能是指'x'（也许是指'y'）。"

"真想知道它是什么意思，希望能够快些知道。"

当听众在想这些的时候，他们便不再处理来自你的其他数据了。毫无疑问，他们因此错过了不少内容，最糟的情况是这些内容可能恰恰是你整个演讲的精华所在。

（2）听众发现了自己的无知

使用一个听众心中的字典中不存在的词更深一层的结果便是使他们发现了一些他们不知道而你却知道的东西。在你试图讲解或劝说别人的时候，如果你使用了一些不熟悉的词语，这只会进一步加深你和听众之间的隔阂。听众可能会想："我的脑子里只有一个声音在响，我理解不了，也许我永远也无法理解。"

（3）听众了解到了你对他们的态度

如果你动不动就使用一些听众无法理解的词汇，他们会在下意识认为你并不知道或者并不在乎他们是否能够理解你演讲内容的要点。你根本就不把他们的兴趣当回事，你只关心你自己感兴趣的事情。你的态度玷污了你的演讲，让他们不再对你抱有任何的兴趣，你和听众背道而驰。

2. 什么样的话我们能够理解

使用你能够想到的含义最简单、表意最清楚的表达方式。

要多说意思明确的话，尽量不要使用有歧义的词语和内行人才听得懂的行话。如果你发现自己用了一个晦涩的词语，请立刻对此加以解释，并且要对自己使用了这么专业、难懂的词表示歉意。

第五章

严守分寸

——口有遮拦才能掷地有声

转个弯儿说话

在某些特定的场合，如果把话说得太直、太透，可能会引起对方的不满，或者对自己产生不利的影响，但意思又不能不表达。这时，如果采用"借他人之言，传我腹中之事"的方法，借用一个并不在场的第三者之口说出，便可以弱化对方的不满和对我方的不利影响。这种方法就是近话远说。

近话远说能够人为地拉开话题与现场之间的距离，给双方留下一个缓冲带。

说话转个弯儿，在表达了自己的意见的同时，也为自己留了条后路。

对于不宜直言的问题，绕个弯儿说话，有时会让自己化险为夷，不信看下面这个例子：

我国古时候，有一个县官很喜欢附庸风雅，尽管画术不佳，但画画的兴致很高。他画的虎不像虎，反而像猫。并且，他还每画完一幅画，都要在厅堂内展出示众，让众人评说。大家只能说好话，不能说不好听的话，否则，就要遭受惩罚，轻则挨打，重则投入监牢。

有一天，县官又完成了一幅"虎"画，悬挂在厅堂，召集全体衙役来欣赏。

县官得意地说：

"各位瞧瞧，本官画的虎如何？"

众人低头不语。县官见无人附和，就点了一个人说：

"你来说说看。"

那人战战兢兢地说：

"老爷，我有点怕。"

县官："怕，怕什么？别怕，有老爷我在此，怕什么？"

那人："老爷，你也怕。"

县官："什么？老爷我也怕。那是什么？快说！"

那人："怕天子。老爷，你是天子之臣，当然怕天子呀！"

县官："对，老爷怕天子，可天子什么也不怕呀！"

那人："不，天子怕天！"

县官："天子是天老爷的儿子，怕天，有道理。好！天老爷又怕什么？"

那人："怕云。云会遮天。"

县官："云又怕什么？"

那人："怕风。"

县官："风又怕什么？"

那人："怕墙。"

县官："墙怕什么？"

那人："墙怕老鼠。老鼠会打洞。"

县官："那么，老鼠又怕什么呢？"

那人："老鼠最怕它！"那人指了指墙上的画。

被点名的差役没有直接说县太爷画的虎像猫，而是绕着弯说话。让县官在众人面前保住了脸面，又让自己避免了一场灾难。

点到为止

事情有缓急，说话有轻重。有些人在日常交际中，对问题缺乏理智，不考虑后果，一时性起，说话没轻没重，以致说了一些既伤害他人，也不利自己的话。

有一对夫妻吵架，两人唇枪舌剑，各不相让，最后丈夫指着妻子厉声说："你真懒，衣服不洗，碗也不刷，你以为你是千金小姐呢。什么都不会，脾气还挺大，要你有什么用，不如死了算了！"妻子一气之下割脉自尽，丈夫后悔已经来不及了。

这样的例子在日常生活中屡见不鲜。这类说"过"了、说"绝"了的话，虽然有一些是言不由衷的气话，但是对方听来，却很伤心，故常常引起争吵、嫉恨，甚至反目成仇。俗话说"过火饭不要吃，过头话不要说""话不要说绝，路不要走绝"，正是对上述不良谈吐的告诫。

如果听者是一个非常明白事理的人，你说的话就不必太重，点到即止，一点即透，因为对方就像一面灵通的"响鼓"，鼓槌轻轻一点，就能产生明确的反应。对这样的人，你何必用语言的鼓槌狠狠地擂他呢?

　　赵明是工厂的一名班组长,最近他的班组调来一个名叫王楠的人,别人对王楠的评语是:时常迟到,工作不努力,以自我为中心,喜欢早退。过去的班长对王楠都束手无策。第一天上班,王楠就迟到了5分钟,中午又早5分钟离开班组去吃饭,下班铃声响前的10分钟,他已准备好下班,次日也一样。赵明观察了一段时间,发现王楠缺乏时间观念,但工作效率却极佳,而且成品优良,在质检部门都能顺利通过。于是,赵明对王楠微笑着说:"如果你时间观念和你的工作效率同样优秀,那么你将成为一个完美的人。"之后赵明每天都跟王楠说这句话。时间久了,王楠反而觉得过意不去了,心想:过去的班长可能早就对我大发雷霆了,至少会斥责几句,但现在的班长毫无动静。

　　感到不安的王楠,终于决定在第三周星期一准时上班,站在门口的赵明看到他,便以更愉快的语气和他打招呼,然后对换上工作服的王楠说:"谢谢你今天能准时上班,我一直期待这一天,这段日子以来你的成绩很好,如果你发挥潜力,一定会得优良奖。"

　　赵明对待王楠的迟到,没有采取喋喋不休的方式批评,而是点到即止,让其自动改正错误。

　　小宋是一位小学语文教师,他不满某些社会现象,爱发牢骚,甚至在课堂教学中有时也甩开教学内容,大发其牢骚。很显然,他缺乏教师这个角色应有的心理意识。校长了解这种情况后，与他进行了一次交谈。校长说："你对某些社会不良风气反感，对教师经济待遇低表示不满，这是可以理解的。心中有气，尽管对我发吧，但是请你千万不能在课堂上发牢骚。少年的心灵本是纯真幼稚的，他们对有些事缺乏完全的了解和认识，你与其发牢骚，何不把那份精力用来给学生讲讲如何振兴祖国？这才是一个称职的教师应该做的。"听了校长这一番语重心长的话，小宋认识到当教师确实不能随意把这种牢骚满腹的心理状态表现出来，不然，对学生会产生不良的影响。从此以后，再也没有听说他在课堂上发牢骚了。

同样，校长如果不把握说话的轻重，直接说："你这样做是缺乏修养的表现，不配做一个教师。"那么结果又会怎样呢？

说话要把握轻重，点到即止，给人留住面子，才能起到说话的原本目的。

开玩笑要适度得体

在生活中，适度、得体地开个玩笑，可以使周围的人松弛自在，并能营造出适于交际的轻松活跃的气氛，这也是具有幽默感的人更受欢迎的原因。如果玩笑无度，不但收不到好的效果，更会造成严重的后果。

一位男士见女同事穿着一身漂亮的新衣服来上班，他幽默地说道："今天准备出嫁？"这其实是一种夸赞，只不过话说得委婉一点儿，调侃一点儿。

然而，他的这位女同事闻听此言，怒不可遏，拍案而起："你骂人！难道我离婚了，难道我丈夫不在了？"接着又开始了一大串的谩骂。

这位男士万万没有想到，他的颇为得意的幽默竟被人家当成是不堪入耳的污言秽语，得到的竟是如此难堪的结局。他百口莫辩，只好道歉了事。每当提及此事他都苦笑不已，而且那位女同事因此而到处说他是个"二百五"。

为了达到开玩笑的目的，又不致造成不必要的误会，事先做一下说明是值得借鉴的。

日本人在开玩笑前很紧张，所以他们在开玩笑前要先打个招呼——以下是个笑话，然后才讲笑话，也许我们觉得这一点儿也不好笑，但日本人却会说，打预防针是很必要的。因为只有这样，对方才有心理准备，不会把玩笑和严肃的话题混淆，免得造成工作上的误会。如果玩笑和对方有关，打个招呼能避免伤害到对方。日本人不仅说笑话要预告，就是要对某件事提出尖锐的批评时也要先讲一句："我有句难听话要说。"讲完后还要再加一句："这话虽然刺耳，但是请你不要往心里去。"

幽默口才应当谨慎运用，不宜任意发挥。下面叙述在运用幽默口才时应该注意的几个问题：

1. 朋友陪客时忌和朋友开玩笑

人家已有共同的话题，已经形成和谐融洽的气氛，如果你突然介入与之开玩笑，转移人家的注意力，打断人家的话题，破坏谈话的雅兴，朋友会认为你扫他的面子。

2. 和非血缘关系的异性单独相处时忌开玩笑

哪怕是开正经的玩笑，也往往会引起对方的反感，或者会引起旁人的猜测非议。要注意保持适当的距离，当然，在一定场合也不必拘谨别扭。

异性之间的幽默更要做到张弛有度，那些所谓的"荤段子"不但不能拉近异性之间的距离，反而会降低自己的格调，使对方认为你低俗不堪。

3. 避人忌讳

忌讳是因风俗习惯或个人生理缺陷等，对某些事或举动有所忌讳。几乎每个人都或多或少地有自己的忌讳。所以，开玩笑时一定要小心避之。

人人都怕别人用自己的短处开玩笑，残疾人尤其如此。俗话说：不要当着和尚骂秃子，盲人面前不谈灯光。

要知道人是没有完美无缺的，他人的缺陷和不足绝不是你拿来开玩笑的材料。这种笑话会严重地伤害到对方，导致不堪设想的后果。

4. 不要总和同事开玩笑

开玩笑要掌握尺度，不要大大咧咧地总是开玩笑。这样时间

如何说别人才爱听，怎么听别人才会说

久了，在同事面前就显得不够庄重，同事们也不会尊重你；在领导面前，你会显得不够成熟，不够踏实，领导也不会信任你，因而不会对你委以重任。这样做实在是得不偿失。

5. 不要以为捉弄他人也是开玩笑

捉弄别人是对别人的不尊重，会让人认为你是恶意的，而且事后也很难解释，它绝不在开玩笑的范畴之内。轻者会伤及你和同事之间的感情，重者会危及你的"饭碗"。记住"群居守口"这句话吧，不要祸从口出，否则你后悔晚矣！

6. 莫板着脸开玩笑

到了幽默的最高境界，往往是幽默大师自己不笑，却能把听众逗得前仰后合。然而在生活中我们都不是幽默大师，很难做到这一点，那你就不要板着面孔和人家开玩笑，免得引起不必要的误会。

7. 态度要友善

互相尊重是开玩笑的一个原则。开玩笑的过程，是感情互相交流传递的过程，如果借着开玩笑对别人冷嘲热讽，发泄内心厌恶、不满的感情，除非是傻瓜才识不破。也许有些人不如你口齿伶俐，表面上你占了上风，但别人会认为你不尊重他人，从而不愿与你交往。

8. 行为要适度

开玩笑除了可借助语言之外，有时也可以通过行为动作来逗别人发笑，但必须要适当，否则会酿成恶果。

有一对小夫妻，感情很好，整天都有开不完的玩笑。一天，丈夫摆弄鸟枪，对准妻子说："不许动，一动我就打死你。"结果不小心真的扣动了扳机，结果，妻子被意外地打成重伤。可见，开玩笑千万不能过度。

当然，也有极少数人利用幽默的形式专讲刻薄话，既伤人又伤己，他们专门去打击别人的自尊心，毫不在乎地讲出对方所"耿耿于怀"的话。例如，有关别人的命运，他们所生长的社会环境、有关他们双亲在社会上的地位或者他们的职业等，都成为这类人的谈资。

这个世上本来就有很多不幸的人，一生下来之后，即背负了身体上不利的条件。而更值得同情的是，他们之所以会变成这样，并非自己心甘情愿的。因而，凡是有怜悯之心的人，都不应该以他们身体上的缺陷为话题。事实上，这也是与人交往时，必须注意的一种礼节！

然而，还有人毫不介意地使用那种伤人的言词。当着别人面说那种伤人感情的话，这是非常不人道的。例如，有些人常常使用一些刻薄的言语，如"货底""嫁不出去的老处女""睁眼瞎子""拖油瓶""滥货""杂种""后娘""拖累人的废物""精神薄弱儿""坏坯子"等字眼。

假如你有心的话，不难察觉到这些字眼是极为伤人的，是非人道而残酷的。我们不妨设身处地想一想，如果自己被如此称呼时，心里将有何感觉呢？适度玩笑实在是值得注意的。

开玩笑要因人而异

人们由于性别、年龄、经历的不同，就造成人与人之间的心理差异。例如有人性格开朗，有人性格内向；有人是多血质，有人是抑郁质；有人爱好玩乐，有人爱好学习。这些都表现出人与人之间的心理差异。开玩笑时如果不注意对方的性格，也容易出问题。

百人百姓百脾气。有些人在与不同的人打交道时，不了解对方脾气、性格、爱好等就随意行动，有时也会冒犯人。比如，有的人是小心眼儿，如果你说话不注意，就会惹人家不高兴。有的人是急性子，说话讲究干脆，可你却在那里啰唆，一遍又一遍地交代，他就会反感，以为你不相信他而生气。有的人把自己的脸面看得很重，自尊心太强，任何时候别人都冒犯不得。有的人只喜欢好听的，不喜欢有人说他们的缺点，一旦你揭他们的伤疤，就像捅了他们的"马蜂窝"，他们会不顾一切地和你大闹起来，与你为敌。

人们的心情常常有起伏变化，喜怒哀乐、有暗有明。当心情好的时候，交往成功的希望就大得多。因为在这时候，人们的心情好，兴致高，接受和包容各种意见的心理也健全和博大得多。哪怕是刺激性较强的言行，也能容忍，不去计较，不会造成不良后果。可是，当人们的心情不好，心事重重，十分烦躁时，他们对于外界信息的接受就会带有明显的倾向性和选择性，对于那些反面的信息就会持排斥反感的态度，而每一个人，在某一特定的时间内，都处于某一心境之中。

这样，在交往中，首先应当对对方所处的心境有所了解，有所体谅，并由此出发来选择话题，决定讲话内容以及所采取的表达方式等，这样才可能取得较好的效果。

性格不同，决定开玩笑的内容、方式和情境也不同。一般情况下，对于性格开朗的人来说，玩笑即使过火，他也能够接受，大不了一笑置之，可一旦碰上交往对象性格封闭，非常在意他人说话的用心，这时你采取如下做法，无疑是非常明智的：控制自己，不图一时痛快，随随便便开玩笑。另外我们也知道，性格开朗的人有时也会碰到烦心事，而性格内向的人有时也会"人逢喜事精神爽"，所以分别遇到这两种情况，对前者就不可以再说玩笑话，免得惹他变脸；而对后者，恰如其分地开个小玩笑，相信他也会笑脸相对的。

最后，我们来总结一下，跟哪些对象交往时，不要随随便便开玩笑：

（1）不跟长辈或晚辈开男女情事方面的玩笑；

（2）跟普通的异性朋友单独相处时，不要随便开玩笑；

（3）在残疾人跟前，开玩笑一定要注意避讳；

（4）朋友跟别人谈正事时，切记不要开朋友的玩笑。

插话要找准时机

在别人说话时，我们不能只听到一半或只听一句就做出自己明白的样子。我们提倡在听别人说话时，要不时做出反应，如附和几句"是的"等话语，这样既让说者知道你在听他说，又让他感觉你在尊重他，使他对你产生浓厚的兴趣。

但是，万事都有所忌，都要把握分寸。许多人过分相信自己的理解和判断能力，往往不等别人把话说完就中途插嘴，这种急躁的态度很容易造成损失，不仅容易弄错了对方说话的意图，还有失礼貌。当然，在别人说话时一言不发也不好，对方说到关键的时刻，说完后，你若只看着对方而不说话，对方会感到很尴尬，他会以为没有说清楚而继续说下去。

还有不少人在倾听别人说话时表现得唯唯诺诺的样子，哼哼哈哈，好像什么都听进去了，可等到别人说完，他却又问道："很抱歉，你刚才说了什么？"这种态度，对于说话者来说是有失礼节的事。

所以说，即使你真的没听懂，或听漏了一两句，也千万别在对方说话途中突然提出问题，必须等到他把话说完，再提出："很抱歉！刚才中间有一两句你说的是……吗？"如果你是在对方谈话中间打断，问："等等，你刚才这句话能不能再重复一遍？"这样，会使对方有一种受到命令或指示的感觉，对方对你的印象就没那么好了。

听人说话，务必有始有终。但是能做到这一点的人并不多。有些人往往因为疑惑对方所讲的内容，便脱口而出："这话不太好吧！"或因不满意对方的意见而提出自己的见解，甚至当对方有些停顿时，抢着说："你要说的是不是这样……"这时，由于你的插话，很可能打断了他的思路，使他忘了要讲些什么。

人人都有这样的经验：有时，同某人在一起，说话很愉快；有时同某人在一起，感到很烦，本来很感兴趣的话题却不想谈下去。究其原因，主要是因为对方说话不讨人喜欢，该问的问，不该问的也问，所以让我们觉得厌烦。说话要讲究轻重、曲直，更要有个眼力见儿，知道哪些话该说哪些不该说，哪些该问哪些不该问。

问题是展开话题的钥匙。所以说话有眼力见儿就要做到问话要讨人喜欢。

有些问题，当你得不到满意的答复时，是可以继续问下去的，但有一些问题就不宜再问。

比方说你问对方住在哪里，他如果只说地区而不说具体地址，你就不宜再问在几路几号。如果他愿意让你知道的话，他一定会主动详细说明的，而且还会补充上一句，邀请你去坐坐，否则便是不想让别人知道，你也不必再追问了。举一反三，其他诸如此类的问题，如年龄、收入等也一样不宜追问，以免引起对方不快。

不可问对方同行的营业情况。同行相忌，这是一般人的毛病。因为他回答你时，若不是对其同行过于谦逊的赞扬，便是恶意的诋毁。在一个人面前提及另外一个和他站在对立地位的人或物总是不明智的。

此外，在日常交际中，不可问及别人衣饰的价钱；不可问女子的年龄；不可问别人的收入；不可详问别人的家世；不可问别人用钱的方法；不可问别人工作的秘密，如化学品的制造方法等等。

凡别人不知道或不愿意让人知道的事情都应避免询问。问话的目的在于引起双方的兴趣，而不是使任何一方没趣。若能让答者起劲，同时也能增长你的见识，那是使用问话的最高本领。

一位社交家说："倘若我不能在任何一个见面的人那里学到一点东西，那就是我处世的失败。"

这句话很发人深省，因为虚怀若谷的人，往往是受人欢迎的。记住，问话不仅能打开对方的话匣，而且你可以从中增长学问。

第六章

提问的艺术

——打开对方的话匣子

问话热身，消除冷状态

第一次见面，不管出于怎样的目的，总希望尽可能多地了解对方，一个又一个的问题就这样问了出来。殊不知，这样的问话会给对方造成不适之感，对你本就不熟悉的另一方，戒心会更重。最开始问话的一方往往觉察不到这种迹象，直到对方表现出明显的回避与提防的情形时，问话方才不得不就自己的问话作一番解释。于是疑云消散，双方的交谈才逐渐融洽。但是，如果在对话的最开始就先讲明自己询问某些事的原因，交流的效果是不是会更好呢？

小超是动漫爱好者，最近又迷上飞机模型的制作，经人介绍认识了一个叫赵彦的航模高手，两人一见面就谈了起来。

小超："听说你是这方面的行家？"

赵彦："也不算吧，只是喜欢玩而已。"

小超："你做这个多少年了？听说这行里的有些人很神秘，之前都是专门造飞机的？飞机的原理是不是很复杂？有没有什么有意思的事透露一下？"

听了小超的这几句话，赵彦的面部表情突然严峻了起来。

"你问这些干什么？我不知道。"

感到对方有明显的抵触心理，小超连忙说道：

"不好意思，我解释一下，我之所以问你飞机原理的事，是因为我最近在学着做飞机模型，我朋友没跟你说？"

赵彦摇摇头："他只说你想认识我一下，没说具体是什么原因。"

"噢，那就是我的不对了，我应该提前告诉你我那么问的原因的。除了飞机原理，我还想知道咱们国内制作飞机模型的整个状况，经费啊，材料源啊等，毕竟我刚接触这个，这方面的知识还非常缺乏，可以吗？"

"当然可以。你一解释我就明白了，不然一见面就问我飞机原理什么的，我以为你是间谍呢。"

"哈哈，我的错，我的错。"

小超就犯了只顾问而没有解释的错误。他的问题让对方疑虑重重，甚至因为问题的敏感怀疑他是间谍。因为有这样的想法，对方的心就会关闭得更严，而交流自然无法畅通。在这个过程中，对方还是一副戒心，没有把小超当真正的朋友，而小超那样问，也是没读懂对方的表现。

不熟悉的人相见，认知总需要一个过程，切不可因为想急切了解某些问题而忽视了思想"互通有无"的过程。简而言之，就是让对方对你跟他对话的目的有个大概的了解，让他心中有数，他才会对你的问题予以解答。

小超从一开始就问，到后来对问话予以解释，就是感觉到了对方内心的变化：由陌生到抵触，不解释可能更加防备，这样发展下去的后果很可能是不欢而散。小超热情四溢，对方却一直是冷状态。

所以，生活中，当我们与某人第一次见面时，不管有多想了解对方，一定不能忽视问话禁语的问题，要耐下心来慢慢诉说。尤其要注意的是，在一些需要解释的问题之前做出必要的解释，跟对方说明自己这样问的意图。这样才能让他最大限度地敞开心扉说出自己的想法，你也会更加了解这个人。

一个严冬的夜晚，两个人初次见面。

对话一：

"今天好冷啊。"

"是啊。"

"……"

"……"

对话二：

"今晚好冷！像我这种南方人，尽管在这里住了几年，但对这种天气还是难以适应，你感觉怎么样？"

"是啊，我父母虽然是北方人，但我也是从小在南方长大的，在这里还是也不适应。"

"你也是南方的？你是南方哪儿的？"

"我是南方……"

以上两段对话均来自两个陌生人初次见面的情景。在第一段对话里，两人见面说的第一段话非常普通："今天好冷啊""是啊"。从字面上就能判断出双方的聊天能力一般。

第二段对话则不同。第一个人见面就说自己是在南方长大的，对北方这种寒冷的天气很不适应，然后又问对方感觉怎么样。对方虽不是纯正的南方人，但也是在南方长大的，因此，两个人有共同话题，你来我往间，彼此就会越来越融洽。

从第二段的话中可以分析到，尽管见面的两人一个是纯正的南方人，另一个只是从小在南方成长，父母是北方的。两者虽有差异，但主动问话者故意忽略了这种差异，只强调双方的相似性：都在南方有一段成长经历，对北方寒冷的冬季极不适应。因为有了相似的经历，话题才会越来越多。

心理学上讲，人往往会因为彼此间相似的秉性或者经历走到一起，在认同和被认同的过程中，慢慢由陌生变得熟悉。没有人希望与自己对话的那个人是个和自己没有丝毫相同点的人，那样的话，两人很难有聊得来的话题，甚至有可能爆发矛盾冲突，这也就是第二段的问话人求同存异的原因。

请求式问话：温和开头好办事

有些老板希望什么事情都由自己决定。作为下属，向老板提要求的时候，应该用商量的口吻去征求他的意见，这里面的问话技巧就更有学问。

小侯是一家化工公司的财务人员，整天坐在办公室与数字打交道，这与他所学的专业不合。小侯觉得挺没意思，财务也不是他的兴趣所在，因此他想换个环境，发挥自己的特长。于是在一天上午，他瞄准老板一人在办公室没事干，敲门走了进去。

老板见他进来，知道他肯定有事情，示意他坐下后，问道："小侯，有什么事吗？"

"经理，我有个小小的要求，不知您是否会答应？"他微笑着看着经理。

"什么要求？说说看！"

"我……我想换个环境，想到外面跑跑，可以吗？"

"可你对业务不熟，你想跑什么呢？"经理面有难色。

"业务不熟我可以慢慢熟悉。如果经理能给我这个机会的话，我会好好珍惜，一定不会让您失望。"

听小侯这么一说，经理脸色缓和了许多，问道："你具体想去哪个部门呢？"

"您认为我去公关部合不合适？"

经理皱了一下眉，"你原来做财务工作，现在去跑公关……"

"经理，是这样的，我有些朋友在媒体工作，我通过他们的关系，可以为公司的宣传出一份力，这样，对公司不是更好吗？"

经理想了想说："那你先试试吧，小侯，我可是要见你的成绩啊。"

"谢谢经理给我这次机会，我一定好好干！"

于是，小侯成功地调到了公关部，而且工作成绩还相当不错。

当新人和老板提要求时，怎样问话才能打动老板的心？

小侯是个聪明人，当他想调动部门的时候，没有蛮横地向老板提出自己的需求，而是用慢条斯理的语言，用请求和商量的口吻对其说出自己的诉求。

这样的问话让对方易于接受，也能让对方感受到自己的谦和与恭敬，更重要的是，这样的话让他觉得：对方是在和我商量一件事，而不是命令或要求什么。有了这种心理，上司就更能够接受下属提出的建议。

当经理对小侯调换部门的想法提出质疑的时候，他说出自己有些朋友在媒体工作的事情，对公司工作有利。知道这样的情况，老板的内心就起了变化：最开始被询问能否调动工作的时候是一副犹豫的状态，也不信任对方能够干好。当听说对方的朋友在媒体，对公司日后的宣传有利无弊后，就爽快地答应了对方的请求。

试想一下，如果小侯没有说出有朋友在媒体工作这一有利条件，纵使问得再迫切，老板可能也无法答应他的要求。可见，向老板询问相关情况的时候，要知道对方需要什么，适时地提供出来，才能打动他。当然，这一过程中的态度非常重要。

平时的工作中，如想向上层提意见或要求，还可以运用这样的问话：

"老板，我有个想法，能跟您汇报一下吗？"

"经理，有时间吗？有件事想跟您商量一下可以吗？"

以温和的方式开头，接下来的事情会好办很多。

锲而不舍，由浅及深问到底

在某些沉闷的环境里，没有人愿意开口跟陌生人说话，那是出于一种防备心理，在这种时候，该怎么办呢？你也要一直沉闷下去吗？

假如你正坐在火车上，已经坐了很久，而前面还有很长很长的路程。你想与他人讲讲话，这是人类的群体性的表露，而你要尽力使你的谈话显得有趣和富有刺激性。

坐在你旁边的像是一个有趣的家伙，而你颇想知道他的底细，于是你便搭讪道：

"对不起，你有火柴吗？"

可是他一句话也不讲，只是点点头，从口袋里掏出一盒火柴递给你。你点了一支烟，在还给他火柴时说了声"谢谢"，他又点了点头，然后把火柴放进了口袋里。

你继续说："真是一段又长又讨厌的旅程，你是否也有这种感觉？"

"是的，真讨厌。"他回答着，而且语调中包含着不耐烦。

"若看看一路上的稻田，倒会使人高兴起来。在稻谷收获之前的一两个月，那一定更有趣吧？"

"唔，唔！"他含糊地答应着。

这时，如果你再也没有勇气问下去，你们的谈话就会到此为止，沉默就会继续。但如果你不再只是问一些表面问题，而是换一个稍微深入的、能引起他兴趣的话题，对方可能就不再沉默了。

"今天天气真好啊，真是适合踢球。今年秋天有好几个大学的球队都很出色，你对这件事有关注吗？"

这时，那位坐在你身旁的乘客直起身来。

"你看理工大学球队怎么样？"他问。

"理工大学球队很好，虽然有几个老将已经离队，但那几位新人都很不错，对这个球队你也关注？"

"嗯，是的，你曾听到过一个叫李小宁的队员吗？"他急着问。

或许李小宁这个人你听说过，或许没听说过。这都不是关键，关键是李小宁这个人能引发对方的谈话兴趣。你就可以顺着他的话说："他是一个中场核心、有技巧，而且品行很好的青年。理工大学球队如果少了这位球员，恐怕实力将会大减。但是李小宁毕业了，以后这个队如何还很难说。怎么，你认识他？"

这位乘客听了这话便兴高采烈、滔滔不绝地谈了起来。

可见，人与人相遇，并不是无话可聊，而是没有找到适合双方的话题。这样的话题常常需要一个试探的过程，而要想经历这个过程，就要有锲而不舍的精神，不能因为一两次的受阻就不再问下去。问得越深、越广、范围越大，就可能找到尽可能多的谈资。挖掘到对方最感兴趣的话题，让原本陌生的两个人逐渐熟悉起来，谈话气氛也会变得融洽。

高明的问话参谋，强过武断决策者

一位管理顾问想租用昂贵的曼哈顿写字楼。租赁代理知道他的经济情况，就向他推荐了一套又一套的房间。在这个过程中，租赁代理从未想过她的潜在客户会不租房子，她只是在想：哪一套房间最适合我的客户？

在介绍不同的办公室之后，她断定该是成交的时候了。

她把潜在客户带进了一套房间。在那里，他们俯瞰东江，她问道："你喜欢这江景吗？"

潜在客户说："是的，我很喜欢。"

然后，这位泰然自若的推销人员又把客户带到另一套房间，"你喜欢天空的美景吗？"

"非常好。"那客户回答。

"那么，您比较喜欢哪一个呢？"

顾客想了想，然后说："还是江景。"

"太好了，这就是您想要的房间了。"租赁代理说。

事实果真如此，那位潜在客户没有拒绝，真的租用了那套写字楼。

在推销的整个环节中，首先要找到一个潜在客户，然后就是下功夫将潜在客户变成真正的购买者。

假如你正在向一位零售客户推销服装。她虽喜欢那件衣服却犹豫不决。你说，"让我想想，你喜欢那件深颜色的还是浅颜色的，或者是远处那件有些混搭的？"你不必问她是否想买，你只要假设她想买，并提供几个可能的选择项，供她去选择和判断，而不用替她去决断，除非她有明显的障碍（如没有能力支付），否则将当场完成销售。

若改变推销方法，问她："你就买那件深颜色的吧？"她很可能会拒绝，因为她不一定喜欢深颜色的衣服，这样的问题一旦问得过多，顾客就可能对你及周围的商品产生厌烦情绪，交易很可能会失败。

顾客之所以会厌倦和排斥，不仅仅是被问得过多，还在于之前的不良销售给其留下了阴影。尾随、强迫等推销方式都会让消费者感到厌烦。忍受过一次，他们就不想再感受那种心烦意乱的感觉，对销售员敬而远之就是很自然的事了。

在上面的故事中，房屋租赁代理并没有尾随和强迫消费者，更没有先入为主地替潜在客户做决定，而是询问顾客的选择意向。这样的对话轻松、充满善意，推销员应该把更多说话的机会和决定权留给客户，而不是擅自替他做判断。总给客户某些具有明确指向性的答案往往会让他有这样的感觉：是我买还是你买？你不了解我为什么总替我选择？一旦顾客有了这样的想法，交易将很难达成。

所以，在实际推销产品的过程中，你应该向顾客提供更多的选择意向，做高明的参谋，而不是将自己的主观臆断提供给对方，成为武断的决策者。不干涉顾客的选择，才可能以最快的速度完成销售。

只是询问，绝不强求

一个优秀的推销员怎样在第一时间抓住顾客的心呢？是凭借自己的伶牙俐齿还是其他的方法？下面的故事可能会给人启示。

一个推销搜鱼器的销售经理威廉在一个加油站停下车，他想给车加点油，然后争取在天黑之前赶到纽约。

就在加完油等待交费的时候，威廉看见自己刚加过油的地方停着4辆拖着捕鱼船的车。

他马上返回自己的车上，取出几份"搜鱼器"的广告宣传单，走到每一艘船的船主面前，递给他们："我今天不是要向各位推销东西，我认为各位可能会觉得这份传单很有意思。你们上路后，有空可以看一看，打发一下时间，我想你们或许会喜欢这种'底线搜鱼器'的，最关键的是，这并不耽误多少时间对不对？"

交完费后，威廉一边儿开车离开，一边儿笑着向那些人挥手道别："不耽误时间的，是不是？"两个小时后，在一个休息站，威廉停下车买了瓶可乐，就在这时，他看到那4个船主向他疾步走来，他们说他们一直在追赶威廉，但拖着渔船，车速怎么也赶不上威廉，他们告诉威廉他们想要多了解一些搜鱼器的事情。

威廉立刻拿出展示品，向他们做完简单的介绍后，说还可以具体示范给他们看，于是威廉与他们一同走进休息室，他想找个插座，为搜鱼器接上电源，但休息室里没有，最后，威廉在男厕所里找到了插座。威廉一边操作一边解释："比如在72米深的地方有一条鱼，在船的右舷边35米处也有一条鱼⋯⋯"

威廉讲得认真而投入，男厕所的其他人感到很好奇，他们不知道发生了什么事情，也纷纷围了上来。15分钟后，威廉结束了自己的示范，这4个人此时已由听众变成了顾客，恨不得马上把这件演示样品买回去。威廉告诉他们只要去任何一家大型零售店都能买得到，随即又提供给他们一份当地的经销商名单。4个人就满意地走了。

从心理学的角度讲，越强迫某人去做一件事，对方可能越抗拒。越不强迫他，他可能越有了解此事的兴趣。

推销员在向船主散发广告宣传单的过程中，并没有强调对方一定要在某个固定时间段去看，而是说"有时间就看看，不耽误时间的是不是？"这句话给顾客透漏的信息是：对面的这个人并不是强迫我一定要看他手里的东西，既然这样，看看也无妨。

有时候，推销员执意让顾客了解自己手中产品的行为会招致对方的反感，而故事里的那句问话，恰恰打消了顾客的这种情绪。给顾客留足空间，就是给你和他的发展创造更大的空间。

很多顾客也会觉得，如果推销员见了面就扑上来，不由分说地介绍自己的产品，顾客从心里就会产生强烈的排斥感：我并没有说要听你的介绍，你为什么还要强迫我听？有了这种想法，消费者就很难再接受推销员说的话。连话都听不进去，还怎么了解产品？

两相情愿才是最好的，在消费者心中，最佳的推销模式也是这样。所以，故事中的只询问不强求，看不看都由他。看似不在乎，实际上巧妙地调动起了对方的兴趣。不然，那几个人也不会追着推销员了解产品的相关信息。

生活中，这样的事情还有很多，当你在推销一款新产品的时候，面对自己的顾客，不要急着跟他说产品有多好，而是先问几句诸如"您好，有没有兴趣看看这个？""随便看看吧，看几眼又不花费多少精力是不是？"此类的话，消费者的思维或许就会被你慢慢吸引，你的推销也可以在不知不觉中进行了。

第七章

做真诚的听众

——让对方自愿吐露心声

倾听是对别人的最好恭维

美国的汽车推销大王乔·吉拉德在他的推销生涯中，卖出了 10 000 多辆汽车，其中有一年卖出汽车 1425 辆，这一纪录被载入吉尼斯世界纪录大全中。在他的工作经历中，有过这样一次经历。

一天下午，一位先生来向他买车，吉拉德展开如簧之舌向他介绍，眼看那位先生就要签单之时却放弃了购买，走了出去。

到了深夜 11 点钟，吉拉德仍在沉思为何失败，不知道错在哪里。平时这时候，他是在回味这一天的成功呢！

吉拉德再也忍不住了，拿起电话打了过去，问那位先生为什么不买他的车。

"现在是晚上 11 点钟。"对方不耐烦地说。

"我知道，很抱歉。但是我要做个比别人更好的推销员，你愿意告诉我究竟我哪儿错了吗？"

"真的？"

"绝对！"

"好，你在听吗？"

"非常专心！"

"但是今天下午你并没有专心听话。"那位先生告诉吉拉德，他本来下定决心买车，可是在签字前最后一分钟犹豫了。因为当他提到自己的儿子杰克要进密歇根州立大学，准备当医生，杰克很有运动天赋等时，吉拉德满不在乎，一点儿兴趣也没有。当时吉拉德一边儿准备收钱，一边儿听办公室门外另一位推销员讲笑话。

倾听不仅是一种对别人的礼貌与尊重，也是对讲话者的高度赞美与恭维。而上述例子中，吉拉德没有积极倾听对方的话，以至于对方在最后一分钟犹豫了，就是因为他忽略了这点。

每个人都希望获得别人的尊重，受到别人的重视。当我们专心致志地听对方讲，努力地听，甚至是全神贯注地听时，对方一定会有一种被尊重和重视的感觉，双方之间的距离必然会拉近。

经朋友介绍，重型汽车推销员乔治去拜访一位曾经买过他们公司汽车的商人。见面时，乔治照例先递上自己的名片："您好，我是重型汽车公司的推销员，我叫……"

才说了不到几个字，该顾客就以十分严厉的口气打断了乔治的话，并开始抱怨当初买车时的种种不快，例如服务态度不好、报价不实、内饰及配备不对、交接车的时间等待得过久……

顾客在喋喋不休地数落着乔治的公司及当初提供汽车的推销员，乔治只好静静地站在一旁，认真地听着，一句话也不敢说。

终于，那位顾客把以前所有的怨气都一股脑地吐光了。当他稍微喘息了一下时，方才发现，眼前的这个推销员好像很陌生。于是，他便有点儿不好意思地对乔治说："小伙子，现在有没有一些好一点儿的车种，拿一份目录来给我看看，给我介绍介绍吧。"

当乔治离开时，已经兴奋得几乎想跳起来，因为他的手上拿着两台重型汽车的订单。

从乔治拿出产品目录到那位顾客决定购买，整个过程中，乔治说的话加起来都不超过 10 句。重型汽车交易拍板的关键，由那位顾客道出来了，他说："我是看到你非常实在、有诚意又很尊重我，所以我才向你买车的。"

玫琳凯·艾施在《玫琳凯谈人的管理》一书中，曾对倾听的影响做了如此的说明："我认为不能听取别人的意见，是自己最大的疏忽。"

玫琳凯经营的企业能够迅速发展成为拥有 20 万名美容顾问的化妆品公司，其成功秘诀之一是她相当重视每个人的价值，而且很清楚地了解员工真正需要的除了金钱、地位外，还有真正能"倾听"他们意见的知心人。因此，她严格要求自己，并且使所有的下属人员铭记这条金科玉律：倾听，是最优先的事，绝对不可轻视倾听的能力。

现在，你应该了解到，倾听技巧的好坏，足以影响一家公司变得平凡或伟大的道理何在了吧！

有许多顶尖的行销人员，他们几乎不是说话滔滔不绝，口吐莲花的人，说服能力也一般，然而，他们的业绩却高出同事 10 倍、20 倍之多。你可知道，为什么有这么大的差别吗？原因主要在于能否认真倾听别人说话。

把说话的机会留给别人

我们也许有过这样的经历：和别人聊起一个自己很感兴趣的话题时，对方开始打开话匣子，没完没了地说，一开始，自己还觉得很投机，后来就开始不耐烦，接着是厌烦。原因是什么？很简单，对方只顾自己说，而忽略了你。谁都不乐意一味地听别人说话，所以，与人交谈时，即使是一个很好的题材，对方很感兴趣，说话时也要适可而止，不可无休无止，说个没完，否则会令人厌倦。说一个题材之后，应当停一下，让别人发言，若对方没有说话的意思，而整个局面由于你的发言而人心向你，这个时候仍必须由你来支持局面，那么，就必须要另找题材，如此才能引起大家的兴趣并维持其生动活泼的气氛。

在谈话当中，对方的发言机会虽为你所操纵着，但是，在说话过程中，应容许别人说话，给别人说话的机会。更好的方法是找机会诱导别人说话，这样气氛更浓，大家的兴致更高，朋友之间也更融洽。当说到某一情节时可征求别人对该问题的看法，或在某种情形时请他试述自己的见解，总之，务必使对方不致呆听着，才不失为一个善于说话的人，不失为一个明智的人。如果话题转了两三次，而别人仍无将说话机会接过去的意思，或没有主动发言的能力，应该设法在适当的时候把谈话结束。即使你精神好，也应该让别人休息。自己承包了大半发言的机会，是不得已时才偶尔为之的方法。千万不要以为别人爱听你说话，就不管别人的兴趣而随便说下去，这背离了说话艺术之道。

在社交上，最好的谈话，是有别人的话在里面。那种看来不爱说也不爱听的人，常常坐在一个角落里，吸着香烟，当他偶然听见另外一些人哄然大笑时，也照例跟着一笑，但是，这种笑显然是敷衍的，因为那种笑容随即就收敛了，他的目光已经移到窗外的墙壁上或者其他的目标上，这种人不会单独来看你。你要明白，这类人或因年纪小，或因学问兴趣较高，而时下在座的其他人比较市井气一点儿，谈天说地，问题无非是饮食男女，或出语粗俗，言不及义，使较有修养的人望而却步，所以，他才独自躲在一角。只要你知其症结所在，你便可以在几句谈话中探得他的学问兴趣，然后和他谈论下去，这样便很自然引起谈话内容。只要你恰当地提一些问题，就可以保持一个增长你学识的机会。他见你谈吐不俗，在这举世混浊中，一定会引你为知己，如此一来，僵局就打开了。年纪较大或较小的一类，因年龄差距大，社会经历、生活经验不同，因而兴趣不同，趣味也无法相投。所以可以采用上述方法来打开话题。

信任是激励的基础

如果对某个人表现出充分的信任，那对方就会在你的这分信任下努力去达到你所期望的目标。对此，成功的大企业家松下幸之助有很深的体会。当他注意观察公司内的员工时总会觉得那些员工比自己优秀，然后他还会对员工说："我对这件事情没有自信，但我相信你一定能够做得到，所以就交给你去办吧。"而员工由于听了他的话而感觉自己被重视，因此会竭尽全力把事情做好。

1926年，松下电器公司要在金泽市设立营业所。松下从来没有去过金泽，但经过多方考察与考虑，还是认为有必要成立一个营业所。松下又开始犹豫应该派谁去主持那个营业所。当然，胜任那个工作的高级主管有不少，但是，那些老资格的管理人员必须留在总公司工作。因为他们当中的谁要是离开总公司，都会对总公司的业务造成不利影响。这时，松下幸之助想起了一位年轻的业务员。

那位业务员当时只有20岁，但是，松下不认为年轻就办不好事情。于是，他决定派这个年轻的业务员担任组建金泽营业所的负责人。松下把他找来，对他说："公司决定在金泽设立一个营业所，希望你能去主持这项工作。现在你就立刻去金泽，找个适当的地方，租下房子，设立一个营业所。我已经准备好一笔资金，让你去进行这项工作了。"

听了这番话，年轻的业务员大吃一惊。他不解地问："这么重要的职务，让我这个刚进入公司才两年又如此年轻的人去担任，不太合适吧？而且，我也没有多少经验……"

但是，松下觉得应该对年轻人表现出足够的信任，于是他几乎用命令的口吻说："你没有做不到的事情，你一定能够做得到的。你想，像日本战国时期的加藤清正、福岛正泽这些武将，都在十几岁时就非常活跃了。他们在很年轻时就已经拥有了自己的城堡，统率部下，治理领地百姓。还有，明治维新时的志士们不也都是年轻人吗？他们在国家艰难的时期都能够适时地站出来，建立新时代的日本。你已经超过 20 岁了，不可能这样的事情都做不来的。放心吧，我相信你，你一定能够做到的。"

这一番话使得那位年轻的业务员下定决心说："我明白了，您就放心让我去做吧！非常感激您能够给我这个机会，实在是光荣之至，我一定会好好地去干的。"

年轻人一到金泽就立即展开准备工作。他每天都会给松下写一封信，告诉他自己正在找房子，后来又写信说房子已经找到，后来又是装修，等等，把自己的进展情形一一向松下汇报。很快，他在金泽的筹备工作完全就绪。于是，松下又从大阪派了两三名员工过去，开设了营业所。

正如松下幸之助所认为的，激励员工的要诀很多，但最重要的还是能够信赖他人，把工作完全交给他。受到信赖、得到全权处理工作的认可，任何人都会无比兴奋，相对地他也会产生责任心并全力以赴地工作。是的，通常一个受上司信任、能放手做事的人往往都会有较高的责任感，因此，上司无论交代什么事情，他都会竭尽全力去做好的。

步步为营，循循善诱

美国前总统华盛顿年轻时，家里的一匹马被邻人偷走了。华盛顿同一位警官到邻人的农场里去索讨，但那人口口声声说那是自己的马而拒绝归还。华盛顿用双手蒙住马的两眼，对邻人说："如果这马是你的，那么，请你告诉我们，马的哪只眼睛是瞎的？"

"右眼。"

华盛顿放开蒙右眼的手，马的右眼并不瞎。

"我说错了，马的左眼才是瞎的。"邻人急忙争辩说。

华盛顿放开蒙左眼的手，马的左眼也不瞎。

"我又说错了……"邻人还想争辩。

"是的，你错了。"警官说，"这证明马不是你的，你必须把马立即交给华盛顿先生。"

华盛顿在这里运用循循善诱、步步为营的方法，让小偷上钩，露出马脚。

同样在销售活动中，销售人员可以采用步步为营的方法促使顾客购买商品。通常，在促使顾客做出购买决定之前，销售人员应该有步骤地向顾客提出一些问题，让他就交易的各个组成部分一一做出决定，也可能就一些特殊要求、特殊条件做出决定。特别是一些部件多、结构复杂、配套材料多的商品使用这种方法比较适合。

例如：

售货员微笑着对顾客说："您喜欢哪一种颜色？"

顾客："我对蓝颜色较为感兴趣。"

售货员："您需要一顶太阳篷吗？一些豪华轿车就配有这种太阳篷。尤其是在夏天，轿车是很有必要配备太阳篷的，您难道不这样认为吗？"

顾客："你说得对，但这种太阳篷太贵了。"

售货员："各种型号的汽车都装有雾灯。因为当你在秋天、冬天或者在春天比较寒冷的日子里行车的时候，雾灯是必不可少的。"

顾客："我个人认为配备雾灯是没有必要的。它只会抬高汽车的价格。另外，在天气不好的情况下，我肯定不会经常开车外出的。"

售货员："把座位往后推到这个位置，您坐在里面感觉舒服吗？坐在这个位置上开车很方便吧？"

顾客："还可以，不过我想座位还是稍高一点儿好。"

售货员："把座位调高一点很容易，您看还有哪些地方需要改进？"

如果你分段地有步骤地向顾客介绍产品，顾客就不必马上做出是否正式购买的决定。尽管他会对产品的供销做出否定的回答，比如上面例子中关于雾灯和座位高低的问题，但是，这对于生意人来说并不是什么坏事情，因为它否定了产品与顾客个人愿望有关的部分而非全部。尽管你和顾客之间有分歧，但只要这个分歧是涉及某个问题，那它就不会对达成交易产生危害。

说服他人时，需要用一种激励的手段，要尊重对方的自尊心，不要随意批评对方。因为考虑问题的角度不同，人们会选择不同的行为来维护自己的权益。批评人的话，非常容易引起对方反感，对方也不会配合你。反而达不到说服的目的。

虽然用利益来说服对方是一种很有用的方法，但是当你说一些有利于对方的事情时，人们还是会怀疑你和你所说的话。这种时候，如果你以另一种方式去说有利于对方的事情时，就可以消除这种怀疑。这种方式就是：不要直接阐述，而是引用他人的话，让别人来替你说话，即使那些人并不在现场，也会达到所要的效果。

懂得夸赞对方

每个人都喜欢听好话，在激励别人时，先给他顶高帽子戴无疑对后期工作的顺利开展有积极的作用。

暗中给对方一个不经意的高帽子，即使他很忙也会听下去。

说奉承话是与人交际所必备的技巧，也是有效激励别人的必备武器。奉承话说得得体，会使你更迷人。

奉承别人首要的条件，是要有一份诚挚的心意及认真的态度。言词会反应一个人的心理，因而有口无心，或是轻率的说话态度，很容易被对方识破而产生不快的感觉。再者，要奉承别人时，也不可讲出与事实相差十万八千里的话。

例如，你看到一位表情呆滞的孩子时，你却对他的母亲说："你的小孩看起来很聪明！"对方的感受会如何呢？本来是奉承话，却变成很大的讽刺，收到了相反的效果。若你说："哦，你的孩子很健康！"是不是好多了呢？

所以，奉承别人时要坦诚，这样，你所说的奉承话，会超过一般奉承话的阶段，成为真正夸赞别人的话，听在对方耳中，感受自然和一般奉承话不同。

激励别人时，先说些奉承话是有益无害的，但夸赞时要区别对象，因人而异。

（1）对于年轻人

年轻人寄希望于自己，自以为前途无量，你如果举出几点证明他的将来大有作为的例子，他一定高兴地视你为知己。

（2）对于老年人

老年人历尽沧桑，过去的光阴该什么样就什么样了，对于还未达到的预期目的，已不报十分希望了。他目前最关心的是他的子孙。如果夸他的儿子学识能力都胜过他，出类拔萃，当面"抑父扬子"，他口头上连说"未必，未必，过奖了"，其实，他的心里比蜜还甜，认为你是慧眼识英雄。

（3）对于文人

你如果说他功底深厚，思想新潮，笔下生花，他听了一定高兴。

（4）对于商人

你如果说他学习好，道德好，清廉自守，他也许无动于衷；但你若说他脑子灵活，手法高明，红光满面，日进斗金，他听了会是很高兴的。

（5）对于官员

你如果说他生财有道，定会发大财，会有享不尽的荣华富贵，他不大骂你一顿才怪。你若说他为国为民，清正廉洁，劳苦功高，他定会喜形于色。

如果我是你——学会站在别人的角度去说话

在人际交往中，很多人往往习惯将自己的想法、意见强加给别人，总觉得自己的做法、意见才是最好的。虽然出发点都是好心的，是为了帮助别人解决某些问题，但是却始终没有站在对方的立场上想过这样是否合适。所以当我们和别人交谈时，应该站在对方的角度仔细想想，关心询问对方对这件事情的看法和应该如何解决这个问题，而不是直接讲一番大道理来逼迫对方接受。

孔子说："己所不欲，勿施于人。"这是换位说话的准确注解。说话有不同的方式，有不同的技巧。世界上没有说不好的话，关键看你会不会转变一下思想，站在对方的立场，先想想别人。

虽然我们无法成为他人，但我们可以站在他们的位置，进入他们的世界，体会他们的感受，从而成为一个拥有广阔胸怀以及受欢迎的人。站在他人角度思考问题、说话做事，不仅能化解矛盾，甚至还能成就一个人的未来。

在非洲的巴贝姆巴族中，至今依然保持着一种古老的生活仪式。当族里的某个人因为各种原因而犯了错误，族长就会让犯了错误的人站在村子的最高处，公开亮相，以示惩戒。每当这时，整个部落的人都会放下手中的活计，赶过来将这个犯错的人团团围住，来赞美他。

旁观的人们，会自动按照老幼顺序发言，先是从最年长的人开始，告诉这个犯错的人，他曾经为整个部落做过哪些好事。就这样，每个族人都会将自己眼中那个犯错人的优点叙述一遍。叙述时不能夸大事实，不允许出言不逊，必须用真诚的语言，而且不能重复别人已经说过的赞美。整个赞美的仪式，要持续到所有族人都将正面的评语说完为止。

巴贝姆巴族人站在了犯错的人的角度思考问题。他犯了错，现在当然十分懊悔，想改正自己的错误。如果在此时，大家提起他以前做过的好事，那他改正错误的决心肯定会更坚定。但在此时，大家去批评他，说他的种种不是，那他心中肯定会责怪自己，那将来的生活也可想而知了。

巴贝姆巴族人是智慧的，他们对待犯错人的态度是：尽管你犯了错，有了缺点，但我们依然爱护你、关心你、接纳你。既然你曾为整个部落做过那么多的好事、善事，有着那么多的优点，那么，请你认真地反思，然后心悦诚服地改正自己的错误。我们整个部落的人都坚信：你一定具备改过向善的信心与能力。

当我们遇到与他人意见相异时，不妨也换位思考一番，在我们"山重水复疑无路"时，换位思考可能带我们进入了"柳暗花明又一村"的境界。

卡耐基曾用某宾馆大礼堂讲课。有一天，他突然接到通知，对方提出租金要提高3倍。卡耐基不得不前去与经理交涉。卡耐基一见到宾馆经理，并没有表现出生气的表情，而是心平气和地说："我接到通知，有点儿震惊，不过这不怪你。如果我是你，我也会这么做。因为你是旅馆的经理，你的职责是使旅馆尽可能赢利。"

接下来，卡耐基又设身处地为他算了一笔账，如果将礼堂用于办舞会、晚会，当然会比租给自己更划算。但是，如果你不与我合作，也等于放弃了成千上万有文化的中层管理人员，而这些人是你花再多的钱也买不到的"活广告"。也许他们光顾了贵宾馆，会给你带来更多的合作机会。那么哪样更有利呢？最终经理被他说服了。

卡耐基之所以成功地说服了经理，在于当他说"如果我是你，我也会这么做"时，他已经完全站到了经理的角度。接下来，他又站在经理的角度上算了一笔账，抓住了经理的兴奋点——赢利，使经理心甘情愿地把天平砝码加到卡耐基这边。

千万别认为话中的"如果我是你"只是单纯的一句话而已，殊不知它发挥的效力是不可估量的。对于不易说服的人，最好的办法就是使对方认为你与他是站在同一立场的。

当你学会换位思考的时候，就会在遇到问题的时候多站在别人的角度看问题，设身处地为别人着想。然而只有我们做到这些的时候，我们才能够更多地理解别人，那么，一切都将变得美好起来。

第八章

求同存异

——理智互动促成高效对话

让对方多说话

很多人急于让对方明白自己的意见，话说得太多了。要知道，有时候话说得太多跟不说话的效果差不多。

尽量让对方多说话吧！他们对自己的事情和问题一定比对你了解得要多。所以，在必要的时候，向他们提一些问题，让他们告诉你一些事情。这样做将会使你们的交流效果更好。

如果你并不同意对方的观点，你可能想去反驳他。可是你千万不要这么做，因为这将是非常危险的。当一个人急于把自己的观点表达出来的时候，他绝对不会注意别人的观点。在这个时候，你要做的事情就是听听他有什么观点，鼓励对方充分地发表自己的意见。

首先，让我们来看看这种策略的运用在商业上的价值。

若干年前，美国最大的汽车制造公司之一正在和三家重要的厂商洽谈订购下一年度的汽车坐垫布。这三家厂商都已经做好了坐垫布的样品，并且已经得到汽车制造公司的检验。汽车制造公司告诉他们，他们可以以同等条件参加竞争，以便公司做出最后的决定。

其中一个厂商的业务代表 R 先生——他后来成了卡耐基口才训练班的学员——在班上叙述他的经历时说："不幸的是，我在抵达的时候，正患有严重的喉炎。当我参加高级职员会议时，我已经几乎说不出话来了。他们领我到一个房间，该公司的纺织工程师、采购经理、推销经理以及总经理跟我晤面。我站起来，想尽力说话，但是却只能发出沙哑的声音。最后，我只能在纸上写道：各位，对不起，我的嗓子哑了，不能说话。

"'那么，就让我替你说吧！'该公司的总经理看到后说。他帮我展示了我的样品，并且对着大家称赞了它的优点。在他的提议下，大家围绕着样品的优点展开了热烈的讨论。由于那位总经理在替我说话，因此在这场讨论中，我只是微笑、点头以及做了几个简单的手势。

"这个特殊的会议讨论的结果是我赢得了这份订单，和该公司签订了50万码的坐垫布。这是我获得的最大的订单——它的总价值为160万美元。我很幸运。我知道，假如我的嗓子没有哑，那么，我可能得不到这个订单，因为我觉得那家公司的总经理讲得比我好。这个经历让我发现，让别人说话是多么的有益。"

交易成功的关键在于，如果你希望别人买你的商品，最好的办法莫过于让他们自己说服自己。在很多情况下，你不能直接向顾客推销你的商品，而要让他们在心底里觉得你的商品确实很有优势，从而主动来买你的商品。

让对方说话，并不只是在商业领域能起到作用，它也有助于其他方面。比如，它可以帮助你处理家庭中的一些矛盾。

芭芭拉·威尔逊是卡耐基训练班的学员，她和她的女儿罗瑞的关系近段时间迅速恶化。罗瑞以前是个十分乖巧和听话的孩子，但是当她十几岁的时候，却与母亲产生了许多矛盾，还拒绝与母亲合作。威尔逊夫人曾试图用各种方法威吓、教训她，但是都无济于事。

"她根本不听我的话，我几乎放弃了所有的努力。有一天，她家务活还没做完，就去找她的朋友玩。当她回来的时候，我照旧骂了她。我已经没有耐心了，我伤心地对她说：'罗瑞，你为什么会这样呢？'

"罗瑞似乎看出了我的痛苦。她问我：'你真想知道吗？'我点头。于是她开始告诉我以前她从未跟我说过的事情：我总是命令她做这做那，从来没有想过要听她的意见；当她想跟我谈心的时候，我却总是打断她。我认识到，罗瑞其实很需要我，但她希望我不是一个爱发命令、武断的母亲，而是一个亲密的朋友，这样她才能倾诉烦恼。以前，我从未注意到这些。从那以后，我开始让她畅所欲言，而我总是认真地听。现在，我们的关系大大改善，我们成了好朋友。"

同样地，让别人说话，可能对你求职也有很大的用处。

纽约《先锋导报》曾刊登了一则招聘广告，他们需要聘请一位有特殊能力和经验的人。查尔斯·克伯利斯看到广告后，把他的简历寄了出去。几天之后，他收到了约他面谈的回信。

"如果能在你们这家有着如此不凡经历的公司做事，我将会十分自豪。听说在 28 年前，当你开始创建这家公司的时候，除

如何说别人才爱听，怎么听别人才会说

了一张桌子、一间办公室、一个速记员之外什么都没有，简直难以置信。这是真的吗？"在面谈的时候，克伯利斯对与他面谈的老板这样说。实际上，每个成功的人都喜欢回忆自己早年的创业经历，并且十分高兴别人能听他讲下去。这个老板也不例外。他跟克伯利斯谈了很久，谈了他如何依靠450美元现金开始创业，每天工作12到16个小时，在星期日及节假日照常工作，以及他最后终于战胜了所有的困难。最后，这位老板简单地问了克伯利斯的经历，然后对他的副经理说："我想他就是我们正在寻找的人。"

克伯利斯成功的原因可能没有这么简单，但是有一点十分重要：他聪明地提出了一个对方十分感兴趣的问题，并且鼓励对方多说话，因此给了老板很好的印象。

如果你希望别人的看法跟你一致，使你们的谈话进入佳境，就要鼓励别人多说话——这是你必须要做的事情。

不要和别人争论

第二次世界大战后不久，卡耐基在伦敦得到了一个刻骨铭心的教训。那时，他是澳大利亚飞行家詹姆斯的经理人。在大战结束后不久，詹姆斯成了世界瞩目的人物。一天晚上，卡耐基参加欢迎詹姆斯的宴会。那时，坐在卡耐基右边的一位来宾给大家讲了一段诙谐的故事，并在讲话中引用了一句话。

他指出这句话出自《圣经》，而卡耐基恰好知道这句话出自莎士比亚的作品。那时候，为了显得自己有多么突出，卡耐基毫无顾忌地纠正了他的错误。然而那人却说："什么？那句话出自莎士比亚？不可能，绝对不可能。"他坚持认为自己是对的。

当时，坐在卡耐基左边的是卡耐基的老朋友加蒙，他是一位研究莎士比亚的专家。"我们让加蒙来决定我们谁是正确的"。加蒙在桌子底下踢了卡耐基一脚，然后说："卡耐基，你是错的，这句话的确出自《圣经》。"

宴会之后他俩一起回家。卡耐基责怪加蒙说："你明明知道那句话是出自莎士比亚之口，为什么还要说我不对呢？"

"是的，一点儿都不错。"加蒙说，"那是莎士比亚的《哈姆雷特》第五幕第二场中的台词。可是卡耐基，我们都是这个宴会上的客人，为什么我们一定要找出一个证据，去指责别人的错误呢？你这样做会让别人对你产生好感吗？你为什么不能给他留一点点面子呢？他并不想征求你的意见，也不想知道你有什么看法，你又何必去跟他争辩呢？记住这一点，卡耐基：永远不要跟他人发生正面冲突。这是一个真理。"

"永远不要和他人发生正面冲突。"说这句话的加蒙现在已经不在这个世界上了，可是我们要永远记住这句话。

这个教训给了卡耐基极大的震动。卡耐基原来是一个固执己见的人，从小就喜欢跟人辩论。读大学的时候，卡耐基对逻辑和辩论十分感兴趣，经常参加各种辩论比赛。后来，卡耐基在纽约教授辩论课，甚至还计划着手写一本关于辩论的书。

那天之后，卡耐基又聆听了数千次辩论，并且十分注意每次辩论会之后产生的影响。他得出一句既是结论，又是真理的话：天下只有一种方法能得到辩论的最大胜利，那就是像避开毒蛇和地震一样，尽量去避免辩论。

卡耐基还发现，在辩论之后，十有八九各人还是会坚持自己的观点，相信自己是绝对正确的。

你应该知道，当人们被迫放弃自己的意见而同意他人的观点的时候，就算他看起来是被说服了，实际上他反而会更加固执地坚持自己的意见。

巴恩互助人寿保险公司为他们的职员定下了这么一条规定：不要争辩。他们认为，一个好的推销员是不会跟顾客争辩的，即使是最平常的意见不合，也应该尽量避免。因为人的思想是不容易改变的。

老富兰克林的话正好可以说明这一点："如果你辩论、反驳，或许你会得到胜利，可是那胜利是短暂的，而你将永远也得不到对方对你的好感。"短暂的胜利和人们对你的好感，你希望得到哪一样呢？

在威尔逊总统任职期间担任财政部长的玛度，以他多年的从政经验告诉人们一个教训："我们绝不可能用争论使一个无知的人心服口服。"卡耐基认为：你别想用辩论改变任何人的意见，而不只是无知的人。

下面再举一个例子。所得税顾问派逊先生，曾经为了一笔9000美元的账目问题和一位政府税收稽查员争论了一个小时。派逊的意见是：不应该征收人家的所得税，因为这是一笔永远无法收回的呆账。而那位稽查员却认为必须要缴税。

派逊在卡耐基讲习班上讲了后来的情形：

"他冷漠、傲慢、固执，跟这种人讲理，就如同在讲废话。越跟他争辩，他越是固执己见。后来我决定不再继续跟他争论下去，于是就换了个话题，还赞赏了他几句。

"'由于你处理过许多类似的问题，'我这样对他说，'所以这个问题对你来说肯定是小菜一碟。而我虽然也研究过税务，但不过是纸上谈兵。你当然知道，这些是需要实践经验的。说实在话，我非常羡慕你有这样的一个职务，这段时间让我受益匪浅。'

"当然，我跟他讲的，也都是实在话。那位稽查员挺了挺腰，就开始谈他的工作，讲了许多他所处理的舞弊案件。他的语气渐渐平和下来，接着又说到自己的家庭和孩子。临走的时候，他对我说他打算回去再把这个问题考虑一下。

"三天后，他来见我，说那笔税按照税目条款办理，不再多征收。"

这位稽查员的身上，显露出了人性的一个常见的弱点，即希望得到别人的认同。当派逊跟他争辩的时候，他显得十分有权威，希望以此来建立自尊；而当派逊认同他的时候，他就随即变

如何说别人才爱听，怎么听别人才会说

成了一个和善的、有同情心的人，从而自然而然地停止了争论。

释迦牟尼说过："恨永远无法止恨，只有爱才可以止恨。"因此，误会不能用争论来解决，而必须运用一定的外交手腕和给予别人的认同来解决。

林肯曾经这样斥责一位与同事争吵的军官："一个成大事的人，不应处处与人计较，也不应花大量的时间去和他人争论。无谓的争论不仅会有损你的教养，而且会让你失去自控力。尽可能对别人谦让一些。与其挡着一只狗，不如让它先走一步。因为如果被狗咬了一口，就算你把这只狗打死，也不能治好你的伤口。"林肯的话也应该成为你的行动准则。

永远不要指责他人的错误

在研究青年时代的林肯的时候，我们惊奇地发现：胸襟博大的林肯一开始竟然是一个以指出别人的错误为乐的人。在他年轻的时候，他非常喜欢对别人进行评论，并且经常写信讽刺那些他认为很差劲的人。他常常把信直接丢在乡间路上，使别人散步的时候能够很容易看到。即使在他当上了伊利诺伊州春田镇的见习律师以后，他还是经常在报纸上抨击那些反对者。

1842 年的秋天，林肯经历了一件令他刻骨铭心的事情。当时他写了一封匿名信发表在《春田日报》上，嘲弄了一位自视甚高的政客詹姆斯·希尔斯。这封信使希尔斯受到了全镇人的讥笑。希尔斯愤怒不已，全力追查写信人，最后查到是林肯写的那封信。他要求和林肯决斗，以维护自己的名誉。本来林肯并不喜欢决斗，但是却无可奈何，只能答应。他选择了骑士的腰刀作为他的武器，并且请了一位西点军校毕业生来指导他的剑术。

数日来，林肯一直处在一种十分愧疚和自责的状态下，因为这一切都是他指责对方的错误而导致的。他在这样的心态下等待着那惊心动魄的时刻的到来。幸好——非常意外地——在决斗开始的前一刻，有人出面阻止了这场决斗。

为了指责别人的错误而被迫与别人一决生死，这是多么愚蠢的一件事。林肯终于决定以后再不做这样的事情了。他不再写信骂人，也不再为任何事指责任何人。

内战期间，林肯好几次调换了波多马克军的将领，但是这些将领却屡次犯错。人们无情地指责林肯，说他用人不当。林肯并没有因此对这些将领进行指责，而是保持了沉默。他说："如果你指责和评论别人，别人也会这样对你。"他还说："不要责怪他们，换作是我们，大概也会这样的。"

1863年7月3日开始的葛底斯堡战役是内战期间最重要的一次战役。7月4日，李将军率领他的军队开始向南方撤离。他带着败兵逃到了波多马克河边，他的前面是波涛汹涌的大河，身后是乘胜追击的政府军。对北方军队而言，这简直是天赐良机，完全可以一举歼灭李将军的部队，从而很快地结束内战。林肯命令米地将军果断出击，告诉他不用召开紧急军事会议。为了确保命令的下达，他不仅用电报下令，另外还派了专门人员传达口讯给米地将军。

结果呢？米地将军并没有遵照林肯的命令行事，而是召开了紧急军事会议。他借故拖延时间，甚至拒绝攻打李将军。最后，李将军和他的军队顺利地渡过了波多马克河，保存了实力。

当听到这个消息后，林肯勃然大怒——他从来没有这么愤怒过。失望之余，他写了一封信给米地将军。信的内容是这样的：

"亲爱的米地将军：

我不相信，你也会对李将军逃走一事感到不幸。那时候，他就在我们眼前，胜利也就在我们眼前。而现在，战争势必继续进行。既然在那时候你不能擒住李将军，如今，他已经到了波多马克河的南边，你怎么取得胜利？我已经不期待你会成功，而且也不期待你会做得多好。机不可失，时不再来，我对此深感遗憾。"

你可以猜测一下米地将军读到这封信的时候会有什么表情。但是，你可能会感到意外的是，他根本没有收到过这封信，因为这封信林肯并没有寄出去——人们是在一堆文件里发现它的。

林肯忘记把这封信寄出去了吗？这是不可想象的。众所周知，这是一封十分重要的信件。有人回忆了当时的情景：

"这仅仅是我的猜测……"林肯在写完这封信时，心里想道，"当然，也许是我性急了。坐在白宫，我当然能够看得更加清楚，也更加能够指挥若定。但是，如果我在葛底斯堡的话，我成天看见的是因为伤痛而号哭的士兵，或者成千上万的尸骨，也许那样，我就不会急着去攻打李将军了吧！我一定也会像米地将军一样畏缩的。现在，既然事情已经发生了，唯一能做的就是接受它。至于这封信，如果我把它寄出去，我想除了让自己感到愉快之外，将不会有任何其他的好处。相反，它会使米地将军跟我反目，迫使他离开军队，或者断送他的前途。这是大家都不愿意看到的。"

于是，林肯把那封已经装好的信搁在了一边。因为他相信，批评和指责所得的效果等于零。

林肯总统从以前总爱指出别人的错误到后来如此宽容的巨大转变，给我们树立了一个榜样。他以切身经验告诉我们：永远不要指责他人的错误。

当年，西奥多·罗斯福入主白宫的时候说，如果他在执政期间能有75%的时候不犯错，那就达到了他的预期目的了。这位20世纪最杰出的人物尚且如此，那么作为普通人的你我呢？假如你确定自己能够做到55%的正确率，你就可以去华尔街，在那里你可以日进100万美元，丝毫没有问题。如果你没有这样的把握，那么你也不要去说别人哪里对哪里错了。

事实上，大多数人都不会进行逻辑性的思考，他们都犯有主观的、偏见的错误。多数人都有成见、忌妒、猜疑、恐惧以及傲慢的心理，而这些缺点将给他们的判断带来影响。如果你习惯于指出别人的错误的话，请你认真阅读下面的这段文字。它摘自于著名心理学家卡尔·罗吉斯的《怎样做人》一书。

"当我尝试了解他人的时候，我发现这实在很有意义。对此，你可能会感到奇怪，你可能会想：我们真的有必要这样去做吗？我认为，这是绝对必要的。我们在听到他人说话的时候，第一反应往往是进行判断或进行评价，而不是尽力去理解这些话。当别人说出某种意见、态度或想法的时候，我们总是会说'不错''太可笑了''正常吗''这太离谱了'等等评论性的话。而我们却很少去了解这些话对说话人有什么意义。"

另外，詹姆斯·哈维·鲁滨孙教授在《决策的过程》中写了下面一段话，对我们也很有启迪意义。

"……我们会在无意识中改变自己的观念。这种改变完全是潜移默化而不被我们自己注意的。但是，一旦有人来指正这种观念，我们一般会极力地维护它。很明显，这并不是因为观念本身的可贵，而是因为我们的自尊心受到了伤害……在为人处世时，'我的'这个词既简单又重要。妥善地处理好这个词，是我们的智慧之源。无论是'我的'食物、'我的'狗、'我的'屋子、'我的'父亲，还是'我的'国家、'我的'上帝，都拥有同样巨大的力量。我们不仅不喜欢别人说'我的'手表不准或'我的'汽车太旧，也不喜欢别人纠正我们对于火星上水道的模糊概念，以及对于水杨素药效的认识，或对于亚述王沙冈一世生卒年月的错误……我们总是愿意相信我们所习惯的东西。当我们所相信的事物被怀疑时，我们就会产生反感，并努力寻找各种理由为之辩护。结果怎样呢？我们所谓的理智、所谓的推理等等，就变成了维系我们所习惯的事物的借口了。"

在这样的情况下，我们得出的判断可靠吗？当然不可靠。既然自己都不能确信自己就是对的，我们还有资格对别人指手画脚吗？

当然，如果一个人说了一句你认为肯定错误的话，而且指出来对你们的交流会有好处的话，你当然可以指出来。但是，你应该这么说："噢，原来是这样的。不过我还有另外一种想法，当然，我可能不对——我总是出错。如果我错了，请你务必毫不客气地指出来。让我们看看问题所在。"

用这类话，比如"我也许不对""我有另外的想法"等等，确实会收到神奇的效果。无论何时，无论何地，不会有人反对你说"我也许不对，让我们看看问题所在"。

柏拉图曾经告诉人们这样一个方法："当你在教导他人时，不要使他发现自己在被教导；指出人们所不知的事情时，要使他感到那只是提醒他一时忽略了的事情。你不可能教会他所有的东西，而只能告诉他怎么处理这种事情。"英国19世纪的著名政治家查斯特费尔德对他的儿子这样说："如果可能，你应该比别人聪明，但绝不能对别人说你更加聪明。"

永远不要这么说："我要给你证明这样……"这对事情无益，因为你等于在说："我比你聪明，我要告诉你这样去做才是对的。"你以为他会同意你吗？绝对不会，因为你直接打击了他的智慧、他的判断力以及他的自尊。这永远不会改变他的看法，他甚至有可能起来反对你。即使你用严谨如柏拉图或康德的逻辑来和他辩论，你也不能改变他的看法。因为，你已经伤害了他的感情。

如果你确定某人错了，你就直截了当地告诉了他，那么结果会怎么样呢？让我们来看看具体的事例，因为事例可能更有说服力。

F先生是纽约的一位青年律师，曾参加过一个重要案件的辩论。这个案件由美国最高法院审理。在辩论中，一位法官问F先生："《海事法》的追诉期限是6年，是吗？"

F先生有些吃惊，他看了法官一会儿，然后直率地说："审判长，《海事法》里没有关于追诉期限的条文。"

人们顿时安静了下来，法庭中的温度似乎降到了零摄氏度。F先生是对的，法官是错的，F先生如实地告诉了法官。但是结果如何呢？尽管法律可以作为F先生的后盾，而且他的辩论也很精彩，可是他并没有说服法官。

F先生犯了一个大错，他当众指出了一位学识渊博、极有声望的人的错误，所以他失败了。他这样做有益于事情的解决吗？事实证明，一点儿也没有。

即使在温和的情况下，也不容易改变一个人的主意，更何况在其他情况下呢？当你想要证明什么时，你大可不必大声声张。你需要讲究一些策略，使对方在不知不觉中接受你的观点。

如果你想要在这方面找一个范例的话，我建议你读一读本杰明·富兰克林的自传。在这本书里，富兰克林讲述了他是如何改变争强好胜、尖酸刻薄的个性的。

富兰克林年轻的时候总是冒冒失失。有一天，教友会的一位老教友教训了他一顿："你可真的是无可救药。你总是喜欢嘲笑、攻击每一个跟你意见不同的人，而你自己的意见又太不切实际，没人接受得了。你的朋友一致认为，如果没有你，他们会更加自在。你知道的东西太多了，没有什么人能够再教你什么，而且也没有人愿意去做这种事情，因为那是吃力不讨好的。可是呢，你现在所知又十分有限，却已经学不到什么东西了。"

富兰克林决定接受这尖刻的责备，实际上他那时候已经很成熟和明智了，但是他知道这是事实，而且对他的前途有害无益。富兰克林回忆说：

"我订下了一条规矩：不许武断、不允许伤害别人的感情，甚至不说'绝对'之类的肯定的话。我甚至不容许自己在自己的语言文字中使用过于肯定的字眼，比如'当然''无疑'等等，而代之以'我想''我猜测''我想象'或者'似乎'。当我肯定别人说了一些我明明知道是错误的话，我也不再冒冒失失地反驳他，不再立即指出他的错误来。回答时，我会说'在某种情况下，你的意见确实不错；但是现在，我认为事情也许会……'等等。很快，我就发现了我的改变所带来的效果。每次我参与谈话，气氛都变得融洽和愉快得多。我谦逊地表达自己的意见，不但让别人能够容易接受，而且还会减少一些冲突。而当我犯了错误的时候，我也不再难堪；当我正确的时候，更加容易使对方改变自己的看法而赞同我。

"一开始，采取这种方法的确跟我的本性相冲突，但是时间一长，也就越来越习惯了。在过去的50年里，我没有再说过一句过于武断的话。当我提议建立新法案或修改旧法律条文能得到民众的重视，当我成为议员后能具有相当大的影响力，都要归功于这一习惯。虽然我并不善辞令，没有什么口才，谈吐也比较迟缓，甚至有时还会说错话，但一般而言，我的意见还是会得到广泛的支持。"

你要知道，在将近2000年前，耶稣就已经说过："尽快跟你的敌人握手言和吧！"而在耶稣诞生之前，古埃及国王阿克图告诫他的儿子说："谦虚而有策略，你将无往不胜。"我们似乎也可以这么理解：不要同他人争论，不要指责他错了，不要刺激他，你需要讲究一些策略，这样你才会成功。

沉默不见得永远是金

我们常常说："沉默是金。"大部分人都认为，有些事情只要你心里知道就行了，没有必要把它们说出来。说出来有什么好处呢？人们可能说你爱表现自己，没有谦虚、谨慎的优秀品德。

沉默是金吗？这个问题不好回答，因为说话是一门大学问——有时候你想说却不能说；有时候你想说却不该说；有时候你想说却不会说；有时候你想说却不用说；还有些时候，你需要说却不愿说。古代希腊有人把语言比作怪物，它可以用美好的词语来赞美你，也可以用最恶毒的方式攻击你；它能把蚂蚁说成大象，也可以把大象说成蚂蚁。

一个新员工陪同一位公司的经理去参加一次业务谈判。在谈判的过程中，这位新员工为了表示对经理的尊重，自始至终不发一言。谈判结束后，新员工马上就被辞退了。这位新员工可能到最后都不明白自己为什么会被辞退。

还有一个类似的例子，也是一个员工和他的上司一起去参加一次谈判。这位员工发现了一个很重要的问题，他不知道这个问题是上司没来得及讲，还是上司觉得没有必要说出来。他很想问上司到底是怎么回事，因为这个问题可能会使公司损失上百万。最后，当他发现谈判可能快要结束的时候，他终于决定提醒上司。但是很遗憾，因为种种原因，直到上司和对方签订了合同，他还是没有把这个问题提出来。这次的"沉默"使公司损失了上百万元。

沉默往往是那些自以为别人已经了解自己内心想法的人做的事情。他们以为，自己已经做了种种暗示，也看到了对方似乎明白他们的意思，因此不必把话说出来。但事实是，每个人最关心的都是自己，如果不是特别敏感或者对对方特别熟悉的人，别人不会对他人进行深入细致的观察，更不会从他人的表情或别的细微动作中判断出他的心理。况且，即使他们猜到了，他们也会对此抱有疑问，因为他们的猜测并没有得到证实。

说话有那么麻烦吗？说话比其他事情更让人犯难吗？

实际上，懂得说话是一个现代人必须要具备的本领。在今天这样的时代，探讨学问、接洽业务、传授技艺，还有交际应酬、传递信息等等都离不开说话。一个人如果会说话，不仅能把自己的意见完整地表达出来，还能在某种程度上直接体现自身的能力。而你如果不说话，会达到这样的效果吗？

沉默往往导致你没有办法得到这种认可，从而也阻止了你成功的步伐。有些人不喜欢说话，完全是出于自卑心理，或者因为某种原因而不屑开口说话。把话说出来是很重要的一步，无论你表达了什么样的观点。而与人的交流是人进步的阶梯，为了不做"沉默的智者"，你甚至可以做"说话的矮子"，以后，你会变成一个会说话的智者的。

马雅可夫斯基说过："语言是人的力量的统帅。"语言表达在社会生活和人际交往中都有十分重要的地位。美国诗人佛罗斯特从说话的角度，把一般人分成两类：一类是满腹经纶却说不出话来的人，而另一类是胸无点墨却滔滔不绝的人。他的认识十分深刻，我们在生活中可以看到知识丰富却不善言辞的人，也经常有不学无术的人废话连篇。

可能还有另外一种情况，那就是你应该说"不"的时候却选择了沉默。玛丽和约翰以及他们的很多同事被邀请参加一个有著名演讲者参加的宴会。玛丽高高兴兴地参加了。在宴会上，公司的人一起买了许多食物，但是玛丽一点都不饿，她只吃了一个烤土豆，而别的同事大都吃了好几道菜。葡萄酒和香槟可以随便喝，她也没有喝一口。宴会结束后，大家决定平摊费用。于是，玛丽为了一个烤土豆花了 70 美元。

第二天，玛丽抱怨这件事情太不公平了。但是她没有想这种不公平是谁造成的。是她的同事们吗？不是。真正的原因在于她自己附和了他们的决定，保持了沉默。

同样参加宴会的约翰，在面对这样的情况时，对同事们说："我不想跟大家平摊，因为我总共才喝了一杯饮料。我愿意为这杯饮料买单，即使稍微高一点也可以。我愿意付 20 美元。"

一开始，大家都觉得十分尴尬，因为这好像有点抠门。但是过了一会儿之后人们发现，对约翰来说，只有这样才是公平的。他并没有受到同事的指责。

你是不是也遇到过这样的情况呢？当你被邀请参加一个聚会，虽然你事先已经决定去图书馆，可还是不得不停止读书的计划，只因为你保持了沉默。而另外某天，同事让你第二天帮她买一张车票，因为她听说你住得离车站比较近——而实际情况并非如此——她以为你只要花几分钟就能买到，于是你答应了，但后来你发现必须为此请一天假。这样的时候，你为什么还要保持沉默呢？

所以，需要你讲话的时候，千万不要保持沉默。

随声附和最没特点

随声附和在多数情况下可以被看作是一种善意的成全。你有可能为了顾及对方的面子，有时候的确为了表示自己没有任何看法，从而显示出你没有独立的个人意识。在很多情况下，随声附和是一种没有独立思想的表达方式，它容易让人觉得你比较虚伪。

从不盲从的爱默生说："要想成为真正的'人'，必须是一个不盲从的人。你心灵的完整性是不容许被侵犯的……当你放弃自己的立场，而用别人的观点去看问题的时候，错误便产生了。"这段精彩的话，对那些企图通过遵从别人的观点而赢得人际交往成功的人而言，无疑是一个很大的震撼。

一些涉世未深的人常常会害怕自己与众不同，因此，他们从穿着、行为、语言，甚至是思维方式上模仿别人，以便能够得到对方的认同。她们经常会说"别的女孩像我这么大，都已经开始谈恋爱了""玛丽的爸爸并不反对她搽口红"等等。

很多时候，我们思考和判断的结果可能确实跟很多人一样，比如，我们会发现诚实是最好的行动指南。这不是因为人们这么说了，而是我们根据自己的观察、思考和判断得出了这个结论，我们的确认为犯罪是不应该的和理应受到惩罚的。这自然不能算做盲从和因袭，正好相反，这才是真正的独立人格和独立意识。

幸运的是，正是因为我们大多数人都会相信诸如诚实这样的原则是很重要的和正确的，我们的社会才不至于失去正义和美。否则，我们的社会就要陷于一片混乱了。

但是，世事都不是绝对的。一些重要的基本原则，因为时代的变迁和地点的变化，都有可能发生具体的改变，甚至有可能发展到与原来意义截然相反的地步。比如，刑讯逼供在原来是人们所公认为合理的，但是现在已变成了可以质疑的制度。正是那些不因袭前世的改革推动了社会的进步，这才是文明进步的动力。

我们有时候随声附和他人的观点，可能并不是因为自己没有独立的思想，而是出于某种考虑。比如，我们都知道，反对别人的意见是一件不那么容易或者至少会给我们带来不愉快的事情，因此也就不那么急于反驳别人了。一般的人，容易摇摆在各种意见之间，因为我们可能这么认为：既然有那么多人同意，那么想必它是对的，而我所想的可能是错的。我们的信念可能就在这样的摇摆之间动摇、改变以至于松垮。我们对自己的判断失去信心导致了这一点。但是，那些能够说出自己不同意见的人却截然相反。在一次聚会上，在场的人都赞成某一个观点，除了一位男士。他毫无顾忌地表示自己对此表示反对。后来有人非常尖锐地问他的观点是什么，他微笑着说："我本来不打算发表自己的意见，因为这是一个愉快的社交聚会。本来我希望你们不要问我。但是，既然如此，我还是把自己的观点表达出来吧！"于是他说了自己的看法，并且对之前的那个意见进行了批驳。可以想象，他立即遭到了许多人的诘难。但是，他却始终面带微笑，坚定不移地固守着自己的观点，毫不让步。虽然最后彼此都没有说服对方，但是他却赢得了大家的尊重，因为他有着自己独立的判断。

在这方面，爱默生所采取的立场值得我们敬重。他认为，每个人对自己和社会都有一种责任，那就是好好地利用自己所具备的能力，以增进全人类的福祉。他在世的时候，那些反对奴隶制度的人都希望得到他的支持。虽然他也同情他们，希望他们的运动能够获得成功，但是他知道自己不是适合做这种事情的人——而众所周知的是，一个人只有做最适合自己的事情，才可能发挥最大的作用——所以，他拒绝了做这件事情，而选择了做其他的有利于人类福祉的工作。为此，他曾经遭到巨大的误解，但是他却毫不动摇。坚持不迁就他人的原则，或者坚持一种不被大多数人支持的观点，都不是一件容易的事情。

我们的生活如今到处都充满了专家，我们已经开始对他们产生依赖，因此丧失了对自己的判断的信心，于是，我们对许多事情都不能提出自己的意见和看法。

澳大利亚驻美国大使波希·史班德爵士曾经发表过一篇演讲，他说："生命对于我们的意义，是要我们把自己所具有的各种才能充分发挥出来。我们对国家、社会、家庭都有无可推卸的责任，这是我们来到世上的唯一的理由，也使我们活得更加有意义。如果我们不去履行这些义务，我们的社会便不会有秩序，我们的天赋和独立性也不能够发挥——我们有权利也应有机会去培养自己的独特性，并借以追求自己、家人、朋友，甚至全人类的福祉。"

而爱德加·莫勒在《周末文艺评论》中的一段话也值得我们深思："虽然人类还无法达到天使的境界，但这也并不构成我们必须变成蚂蚁的理由。"

不懂装懂只能显得更无知

有些人会认为如果在某件事情上承认自己的无知，就会被别人看不起，因此，他们极容易产生一种唯恐落后于他人的压迫感，从而拒绝承认自己无知。被好胜心驱使的人们因而就会对自己一知半解甚至一窍不通的东西装作很懂的样子，以此来保全自己的面子。

事实上，你经常能看到这样的人。他们会在一件小事上大做文章，以此显示自己懂得很多大道理，好像什么都懂。别人一谈到某个问题，他们就立即想要发表自己的观点——不管他们有没有想过这个问题——以显示自己有多么高明。他们希望给人们这样一个印象：他们无所不知，而且对他们所知道的东西都达到了专家的水平。

你觉得这样的事情有没有可能？当然是不可能的。在现代社会，信息量极大丰富，知识量爆炸性地增长，专业门类极多，而每个专业也都研究到了很深的地步。任何一个人——即使他是天才，也不可能对所有的东西都通晓。

关键问题还在于，那些不承认自己有所不懂的人，他们没有办法对某一件事情精通。我们可以设想：他们什么都想知道一点儿，而现在知识又这么多，他们怎么会有精力进行深入的研究呢？不过，可能他们本来就不打算精通某一个专业。他们的目的，只是为了表现自己而已。而实际上，这样的人才是真正一无所知的。

而工作中那种不懂装懂的人喜欢说："这样的工作真无聊。"其实，他们内心的真正感觉是："我做不好任何工作。"他们希望年纪轻轻就功成名就，但是他们又不喜欢学习、求助或征询他人意见，因为这样会被人认为他们"不胜任"，所以他们只好装懂。而且，他们要求完美却又严重拖延，导致工作一点都不出色。

在现实生活中，我们喜欢交往的往往是那些看起来很平凡，但是当你跟他交谈之后，就会被他的内在思想所倾倒和折服的人。这种人的真诚、坦率感染了我们，他们所使用的词汇也简单明了，一点儿也不故作高深。

有一位小杂志社的社长，不管在什么场合都喜欢装腔作势，并且常常使用那种听起来很不舒服的音调来表明自己很高明。他经常在别人面前表现得无所不知，这种姿态也使许多人觉得他在做自我宣传。然而，不论他再怎么装，他还是得不到别人的认同。他所出版的杂志，销量也不好。

他的杂志总是被人们认为是现学现卖的东西，甚至十分肤浅。这是因为他喜欢对所有的事情都加以批判，并似乎以此为乐。当他一开口，旁边的人就会说："我的天啊！他又要开始说话了。"然后便万分痛苦地听他自我吹嘘。这种人本来就没有多少智慧，他越是显摆就越显示出自己的无知。

承认自己有不知道的东西，这并不丢人。倘若为了抬高身价而自我吹嘘，一旦被人家看穿，人们就会认为你是一个虚伪的人，甚至认为你一无所知。在人际交往中，一定要保持一个良好的心态，不要不懂装懂。

如果对方指出了你犯的一个错误，你千万不要下意识地为自己找借口。你不用想象自己是一个全能的人，因为那永远是不真实的。

几乎所有企业都希望招聘到具有诚实精神和美好品德的职员。因此，在接受面试时千万不要试图对"明察秋毫"的经理说谎。不少人在接受面试时，由于迫切希望得到眼前的这份工作，通常很容易犯下"不懂装懂""故意隐瞒自己的缺点"或"夸大自身优点"的错误。如一些毕业生可能会在求职简历中描述自己的能力时夸夸其谈，或违背事实地强调自己在某项社会实践活动中处于"主导地位"。

汤姆到纽约一家公司的大卖场应聘一个管理职位，并按要求填了登记表。回家等通知期间，汤姆并未花力气了解这家公司。他自信满满，因为他形象、气质、学历俱佳。面试时，主考官问汤姆对公司了解多少，汤姆凭印象说这家公司是一家非常大的企业，还十分肯定地说公司注册资金为 10 亿元。事实上，该公司只是一家中型企业，注册资金也不是汤姆说的那个数字。最后，汤姆落聘了。主考官说，管理人员必须具有一定的原则性。汤姆的问题在于他不懂装懂，而且不够诚实，"这样的人很难坚持原则，如果在工作中也这样信口开河，说不定会闯出什么乱子"。

我们很容易知道，那些喜欢不懂装懂的人可以随时找出一个理由来为自己进行辩护——好像他们是不得不这样做的。我们应该如何评价这样的做法呢？我们是否应该放弃自己应该有的诚实和虚心，而去获得这种暂时的利益呢？答案当然是否定的。